江西财经大学东亿学术论丛·第一辑

宏观金融稳健性
监测与管理系统的构建与应用

王 静 著

On the Construction and Application of
the Monitoring and Management System of
Macro Financial Soundness

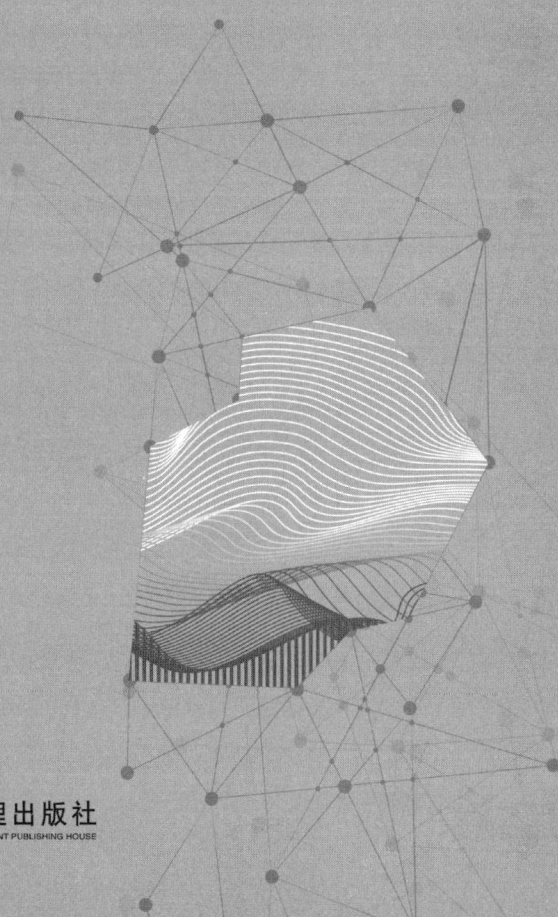

本书得到2017年国家社会科学基金项目《政府财政统计数据国际核算标准的协同研究》（17BTJ009）、中国博士后科学基金第55批面上资助项目《宏观金融稳健性监测与管理系统研究》（2014M551992）、2017年江西省高校人文社会科学重点研究基地招标项目（JD17045）的支持。

经济管理出版社
ECONOMY & MANAGEMENT PUBLISHING HOUSE

图书在版编目（CIP）数据

宏观金融稳健性监测与管理系统的构建与应用／王静著. —北京：经济管理出版社，2019.10

ISBN 978-7-5096-1759-5

Ⅰ.①宏⋯　Ⅱ.①王⋯　Ⅲ.①金融监管体系—研究—中国　Ⅳ.①F832.1

中国版本图书馆 CIP 数据核字（2019）第 244251 号

组稿编辑：王光艳
责任编辑：李红贤
责任印制：高　娅
责任校对：赵天宇

出版发行：经济管理出版社
　　　　　（北京市海淀区北蜂窝 8 号中雅大厦 A 座 11 层　100038）
网　　址：www.E-mp.com.cn
电　　话：（010）51915602
印　　刷：北京晨旭印刷厂
经　　销：新华书店
开　　本：720mm×1000mm /16
印　　张：12
字　　数：173 千字
版　　次：2019 年 11 月第 1 版　2019 年 11 月第 1 次印刷
书　　号：ISBN 978-7-5096-1759-5
定　　价：68.00 元

·版权所有　翻印必究·

凡购本社图书，如有印装错误，由本社读者服务部负责调换。
联系地址：北京阜外月坛北小街 2 号
电　话：（010）68022974　　邮编：100836

江西财经大学统计学院东亿论丛
第一辑编委会

总主编：罗世华

编　委：罗良清　陶长琪　曹俊文　刘小瑜　魏和清
　　　　平卫英　刘小惠　徐　斌　杨头平　盛积良

  江西财经大学统计学院源于1923年成立的江西省立商业学校会统科。统计学专业是学校传统优势专业，拥有包括学士、硕士（含专硕）、博士和博士后流动站的完整学科平台，数量经济学是我校应用经济学下的一个二级学科，拥有硕士、博士和博士后流动站等学科平台。

  江西财经大学统计学科是全国规模较大、发展较快的统计学科之一。1978年、1985年统计专业分别取得本科、硕士办学权；1997年、2001年、2006年统计学科连续三次被评为省级重点学科；2002年统计学专业被评为江西省品牌专业；2006年统计学硕士点被评为江西省示范性硕士点，是江西省第二批研究生教育创新基地。2011年，江西财经大学统计学院成为我国首批江西省唯一的统计学一级学科博士点授予单位；2012年，学院获批江西省首个统计学博士后流动站。2017年，统计学科成功入选"江西省一流学科（成长学科）"；在教育部第四轮学科评估中被评为"A-"等级，进入全国前10%行列。目前，统计学科是江西省高校统计学科联盟盟主单位，已形成研究生教育为先导、本科教育为主体、国际化合作办学为补充的发展格局。

  我们推出这套系列丛书的目的，就是想展现江西财经大学统计学院发展的突出成果，呈现统计学科的前沿理论和方法。之所以以"东亿"冠名，主要是以此感谢高素梅校友及所在的东亿国际传媒给予统计学院的大力支持，在学院发展的关键时期，高素梅校友义无反顾地为我们提供无私的帮助。丛书崇尚学术精神，坚持专业视角，客观务实，兼具科学研究性、实际应用性、参考指导性，希望能给读者以启发和帮助。

丛书的研究成果或结论属个人或研究团队观点,不代表单位或官方结论。如若书中存在不足之处,恳请读者指正。

编委会

2019 年 6 月

前言

宏观金融体系的稳健是市场经济有效运行的核心基础。20世纪90年代以来，随着经济和金融全球化趋势的加剧，国际性的金融危机接连爆发。金融体系是否稳健、能否抵御宏观经济条件恶化、国际资本流动及金融创新与结构性变革等所带来的冲击，成为各国政府和国际金融组织关注的重要问题。

如何测度金融体系稳健性或金融体系脆弱性状况，这是一个国际难题。本书在逻辑上分为两部分：第一部分梳理宏观金融稳健性监测理论基础，借鉴国际组织的监测规范和经验，为第二部分构建我国在开放条件下的宏观金融稳健性监测系统奠定基础；第二部分设计与我国国情相适应的宏观金融稳健性监测系统。

本书宏观金融稳健性监测系统由以下两大模块构成：

第一，我国宏观金融稳健性监测的指标体系和预警模型。要做到早期金融危机应对，关键在于两个方面：一是科学的指标体系；二是恰当的预警与监测模型。我国并无公认的反映金融危机的事件，因此单纯地想从危机状态下关键性经济变量的数据特征中寻找预警与监测指标的思路是不可取的，尽管国外许多国家和国际组织已经从危机国家中归纳了许多类似变量，但这些变量是否通用仍尚存疑问。因此，我国宏观金融稳健性监测指标体系必须以当前形势下宏观金融风险的特征为基础，结合定量分析方法来构建。这一模块中，设计了以非参数统计、聚类分析和相关分析等统计方法为技术手段的指标筛选流程，建立了具有典型代表意义的宏观金融稳健性监测指标体系。为解决非正常数据不足的难题，选择支持向量数据描述预警模型进行宏观金融稳健性预警分析。

第二，我国宏观金融稳健性压力测试。指标分析无法反映极端情况下宏观金融系统的表现。压力测试有必要作为指标分析和预警模型的补充模块。鉴于传统计量方法的一些不足，本书构建了我国宏观金融CGE模型对宏观金融稳健性进行压力测试。在CGE仿真模拟的宏观经济系统下，模拟某些场景下经济和金融系统的表现，从而寻找脆弱性环节。本书选择信贷规模和汇率升值两种情景进行了模拟和测试。在建模过程中，为满足CGE对数据的要求，以2012年42个部门投入产出表为主要数据基础，构建了我国的金融社会核算矩阵（FSAM）。

宏观金融稳健性监测问题既是经济与金融研究中的一个重要问题，也是一个永恒而又常新的主题，还是金融与经济安全监管实践中需要首先处理好的一个根本问题。本书设计的宏观金融稳健性监测系统的框架在这一方面做出了初步的探索。

目录

第一章 绪论 … 1

第一节 选题背景 … 1
一、问题的提出 … 1
二、研究目的和意义 … 2

第二节 研究内容 … 5
一、研究框架 … 5
二、研究方法 … 5
三、主要观点及创新 … 7

第二章 开放条件下宏观金融稳健性及监测 … 9

第一节 开放条件下的宏观金融风险 … 9
一、开放经济:发展中国家的发展之路 … 9
二、宏观金融风险:金融开放的伴生物 … 11

第二节 开放条件下的宏观金融稳健性 … 13
一、宏观金融稳健性的内涵:宏观金融风险的一体两面 … 13
二、宏观金融稳健性的本质特征:宏观金融风险的可控状态 … 16

第三节 开放条件下宏观金融稳健性监测系统的框架设计 … 17
一、金融稳健性监测研究综述 … 18
二、宏观金融稳健性监测系统的框架设计 … 20

— 1 —

第三章 宏观金融稳健性监测国际规范 ……… 23

第一节 宏观金融稳健性监测国际规范综述 ……… 23
一、IMF 的金融评估计划 ……… 23
二、欧洲中央银行的金融稳健性评估计划 ……… 24
三、美国宏观金融稳健性监测 ……… 25
四、国际规范的评价 ……… 26
五、我国的宏观金融稳健性评估工作 ……… 27

第二节 国际货币基金组织与世界银行金融评估体系：FSAP ……… 27
一、FSAP 风险和风险管理理念 ……… 27
二、FSAP 宏观金融稳定评估与监测 ……… 29
三、FSAP 风险监测的模式与内容 ……… 29

第三节 FSAP 量化分析工具之一：指标分析 ……… 32
一、金融稳健性指标（FSIs） ……… 33
二、金融结构与金融发展指标 ……… 38
三、金融与非金融部门汇总资产负债表 ……… 41

第四节 FSAP 量化分析工具之二：压力测试 ……… 41

第五节 FSAP 量化分析工具之三：早期预警模型 EWSs ……… 44

第四章 宏观金融稳健性监测的数据基础：FSAM ……… 47

第一节 FSAM 的框架设计 ……… 47
一、SAM 概述 ……… 47
二、SAM 结构 ……… 50
三、FSAM 的结构设计 ……… 52
四、FSAM 一般均衡框架下的情景模拟 ……… 53

第二节 FSAM 的编制与平衡 ……… 59
一、FSAM 与 MFS 数据的衔接 ……… 59
二、基期 FSAM 的编制与平衡 ……… 63

第三节 报告期 FSAM 递推与情景模拟 ………………………… 66
 一、报告期 FSAM 递推与更新 ………………………………… 66
 二、情景设计 …………………………………………………… 67
 三、情景模拟结果分析 ………………………………………… 68

第五章 开放条件下我国宏观金融稳健性监测：指标体系与预警模型 ……………………………………………………… 69

第一节 我国宏观金融稳健性监测指标体系研究 ……………… 69
 一、我国宏观金融稳健性监测指标体系的特征 ……………… 69
 二、我国宏观金融稳健性监测指标体系的初步建立 ………… 71
 三、我国宏观金融稳健性监测指标体系的筛选 ……………… 75

第二节 我国宏观金融稳健性监测模型与实证 ………………… 82
 一、研究综述 …………………………………………………… 82
 二、基于支持向量数据描述的宏观金融稳健性监测模型 …… 84
 三、基于支持向量数据描述的宏观金融稳健性监测实证 …… 88

第六章 开放条件下我国宏观金融稳健性监测：压力测试 …… 89

第一节 宏观金融压力测试理论综述 …………………………… 89
 一、国内外研究综述 …………………………………………… 93
 二、压力测试的基本概念、主要流程和方法 ………………… 95
 三、压力测试的组织与实施 …………………………………… 102
 四、压力测试的应用范畴 ……………………………………… 103
 五、传统宏观压力测试方法评价 ……………………………… 104

第二节 基于 CGE 模型的宏观金融压力测试模型 …………… 105
 一、宏观经济系统的模拟：CGE 模型 ………………………… 105
 二、宏观金融 CGE 模型假设与逻辑框架 …………………… 107
 三、宏观金融 CGE 模型的模型框架 ………………………… 109
 四、金融 CGE 模型的数据基础 ……………………………… 127

五、金融 CGE 模型的求解：GAMS ················ 128
　第三节　压力测试情景模拟及结果解读 ················ 128
　　一、模拟情景之一：信贷规模大幅波动 ················ 128
　　二、模拟情景之二：汇率变动 ················ 132

第七章　结　论 ················ 135

附　录 ················ 138

　附录一　中国宏观金融稳健性监测指标库原始数据 ················ 138
　附录二　中国宏观金融稳健性监测指标库标准化数据 ················ 141
　附录三　中国 2012 年金融社会核算矩阵 ················ 144
　附录四　中国 2015 年金融社会核算矩阵（递推表） ················ 152
　附录五　基于 2015FSAM 的情景模拟 ················ 156
　附录六　符号表 ················ 168

参考文献 ················ 175

后　记 ················ 177

第一章
绪　论

第一节　选题背景

一、问题的提出

金融稳健是市场经济有效运行的核心基础，它不仅为实际资源的配置提供理性决策的基础，而且为储蓄与投资营造出良好的氛围。但是，20世纪90年代以来，随着经济和金融全球化趋势的加剧，国际性的金融危机接连爆发，1992年发生了英镑危机，1994年发生了墨西哥金融危机，然后是1997~1998年波及10多个国家和地区的东南亚金融危机，还有2002年阿根廷金融危机，2008年美国次贷危机……一系列金融危机的发生显示出当代国际金融体系的脆弱性，表明有关国家及国际金融体系在运行的稳健性方面出现了较大的问题。由此，金融体系是否稳健，能否抗击宏观经济条件恶化、国际资本流动及金融创新与结构性变革等所带来的冲击，成为各国政府和国际金融组织关注的重要问题。

在经济与金融全球化趋势的大背景下，一个国家的金融体系是否健全，是否具有抵御金融风险或金融危机冲击的能力，已经成为各个国家及国际金融组织关注的问题之一。

二、研究目的和意义

如何测度金融体系稳健性或者金融体系脆弱性状况，这是一个国际难题。关于金融体系脆弱性的测度方法众多，归结起来可以分为定性分析和定量分析两大类。具体又大体上可以分为五类：一是 Kaminsky 等的信号分析法；二是 Frankel 和 Rose 等提出的概率单位模型，如 Probit 模型和 Logit 模型；三是 Sachs、Tornell 和 Velasco 等提出的横截面回归模型，简称 STV 模型；四是刘遵义的主观概率法；五是统计分析法，其中主要包括主成分分析和指数化方法。

在早期主要使用定性分析，如历史事件分析法和定性指标分析，近年来越来越多的研究开始采用量化分析，主要包括定量指标统计分析法和计量分析法。最近有学者对识别金融危机事件进行了回顾和讨论，如 Frydl（1999）、Eichengreen 和 Arteta（2000）、Boyd 等（2001）。这些文献认为，建立一个时间序列指数来识别金融危机尤其是银行危机难度很大，特别是因为缺乏银行金融活动的可靠的部门数据。很多国家的不良贷款数据不是不公布就是系统性地被扭曲，这也为研究带来了压力（Hawkins & Klau, 2000）。于是，事件分析法就成为了已有的被广泛应用于确定银行危机事件的方法。他们的研究是以事后的有效数据（如银行损失和政府救助成本）为基础的，这一类事件分析法是"亡羊补牢"的做法，无法应对层出不穷的新的风险因素，缺陷十分明显。

为了弥补事件分析法的缺陷，大量的统计和计量分析法被用于开发具有国际可比性的金融稳健性指数，以取代传统的关于金融危机的事件分析法，更好地评估金融体系风险和预警金融危机。一些学者和组织机构就金融稳健性指数的构建进行了有益的探索，现有的研究大体上沿着三条路径展开。遵循第一条路径的研究者都倾向于认为难以找到一个单一变量指标来度量金融稳健性，他们强调金融稳健性的复杂性、广泛性和多维性，致

第一章 绪 论

力于开发一个包括众多指标的核心指标集和综合指标集。国外的很多组织机构为此展开了大量的研究,其中以 IMF 的金融部门评估规划(FSAPs)最具代表性和权威性。Evans 等(2000)、Sundararajan 等(2002)在 FSAP 的工作和 IMF 的监督指令的基础上发展了一套金融稳健指标,并推动各国政府在对金融部门外部分析时采用这些指标(IMF,2003)。他们领导的研究小组开发出了一个核心指标集和鼓励指标集,但是至今没有开发出一个衡量金融稳健性的综合指标。除了一些国际组织和中央银行外,金融体系脆弱性的量化分析这一重大课题也吸引了一批重量级经济金融学家,他们就具体指标的选择问题等进行了深入的探讨,取得了很多重要的研究成果,其中以 Caprio 和 Klingebiel(1996)、Honohan(1997)、Dmirguc-kunt 和 Detragiache(1998)、Kaminsky(1999)等的研究最具代表性。他们就指标的具体构成及其选择进行了大量的研究工作,但是他们并没有开发出一个连续地衡量金融稳健性的指数。遵循第二条路径的研究者依然坚持利用离散的虚拟变量来测度金融稳健性,他们从极端的金融不稳定性(金融危机)的观点接近金融稳定性,其研究使用了一个 1/0 模型来反映一场金融危机的发生与否。对于虚拟变量的构造,近年来开始突破传统的事件分析法的限制,另辟蹊径。台湾的沈中华(2000)和陈梦婷(2000)分别提出了一个衡量宏观经济稳健性和金融稳定性的指标方法,主要从过度投资、过度消费和经常账户赤字三个指标进行度量,但这依然停留在离散的虚拟变量分析阶段,而没有构筑出一个连续的脆弱性指数。第三条研究路径是致力于开发一个连续的、单一的金融稳健性指标,强调金融稳健性的国际可比性和可操作性。Sundararajan、Marston 和 Basu(2001)使用不良贷款(NPLs)作为评估金融稳定性的指标。Kent 和 Debelle(1999)用金融混乱的程度及其导致的宏观经济损失来衡量体系稳定性(或不稳定性)。他们建立了一个稳定性指数,反映各种金融混乱的可能性及由此引起的宏观经济损失的大小。Corsetti、Pesenti 和 Roubini(1999)在亚洲危机中使用指数方法,建立了一个基于不良贷款数据和贷款高峰信息之上的金融脆弱性指数。指数方法也被 Johnston 等(2000)明确建议使用,一些私人部门的工作中已经采用了这一方法。Aykut kibritcioglu（2002）提出了一个加权的银行部门脆弱性指数来测度银行对危机易感性的变化，并证明这种脆弱性指数在衡量和监管银行部门的脆弱性时似乎有很大用处。Michael D. Bordo、Michael J. Dueker 和 David C. Wheelock（2000）根据企业破产率和银行破产率指标建立了两个连续地衡量金融稳健性状况的时间序列指数，使用 Probit 模型来估计美国 1790~1997 的总体价格的冲击对每个金融稳健性指数产生的影响。他们设计出来的金融不稳定性的连续时间序列得到 Bergman U. M. 和 J. Hansen（2002）的采用。Udaibir S. Das、Marc Quintyn 和 Kina Chenard（2004）建立了一个由资本充足率（CAR）和不良贷款比率两个量化的变量组成的金融稳健性指数 FSSI，来研究管制和金融稳定的关系。

国内关于金融系统稳健性的讨论也越来越多，对于金融稳健性的测度研究也出现了一些初步成果，代表人物包括伍志文、孙立坚等。伍志文（2001）、孙立坚（2004）、刘锡良（2004）采用算术平均法和主成分分析法计算出了一个金融稳健性或者金融安全的综合指数，对金融稳健性的测度进行了大胆的探讨。此外，郑鸣、樊纲、曾诗鸿等也分别从银行清偿力、国家综合负债水平、银行不良资产角度就银行或者金融稳健性的测度进行了研究。整体来看，国内对金融稳健性测度方面的研究尚处于初级的探讨阶段，有待深入。

从国际环境看，国际经济全球化的趋势表现最为激烈的就是金融全球化。在金融全球化背景下，金融风险的传递迅速、破坏巨大。因此，研究开放条件下的宏观金融稳健性的监测系统，从理论上说，能够进一步丰富我国的宏观金融风险管理理论，完善我国金融监管体系；从实践上说，可以为国家宏观经济调控部门提供决策参考依据，为国家金融安全提供研究基础和政策借鉴具有重要的现实意义。

第二节　研究内容

一、研究框架

本书试图构建我国在开放条件下的宏观金融稳健性监测与管理系统，主要内容共分为以下三个部分：

第一部分是开放条件下宏观金融稳健性监测。①理论基础与研究综述。着重考察开放条件下宏观金融稳健性的内涵及影响因素，探究国内外已有研究成果及其局限性。②国际组织与发达国家的规范与经验的比较研究。

第二部分是我国宏观金融稳健性监测与管理系统的构筑。①指标体系与预警模型。指标集的来源为宏观经济核算体系和微观金融监管体系，并结合聚类分析、非参数统计和相关分析等技术手段进行指标筛选。在建立指标体系的基础上，采用支持向量数据描述预警技术（SVDD）（林健，2006）进行实证分析，该方法可以较好地解决非正常数据不足的问题。②压力测试。压力测试是指标分析的补充模块。鉴于传统计量方法的一些不足，本书构建了我国金融 CGE 模型对宏观金融稳健性进行压力测试，并就信贷规模和汇率变动两种情景进行了模拟和测试。

第三部分是结论与政策建议。

本书研究的总体思路如图 1-1 所示。

二、研究方法

本书研究主要采用了以下几种方法：

跨学科交叉研究与系统分析。本书是对宏观金融稳健性监测系统的整体研究，是一项系统工程，将综合应用统计学、金融学、经济学、计量经济学、国民经济核算等多学科交叉展开研究。

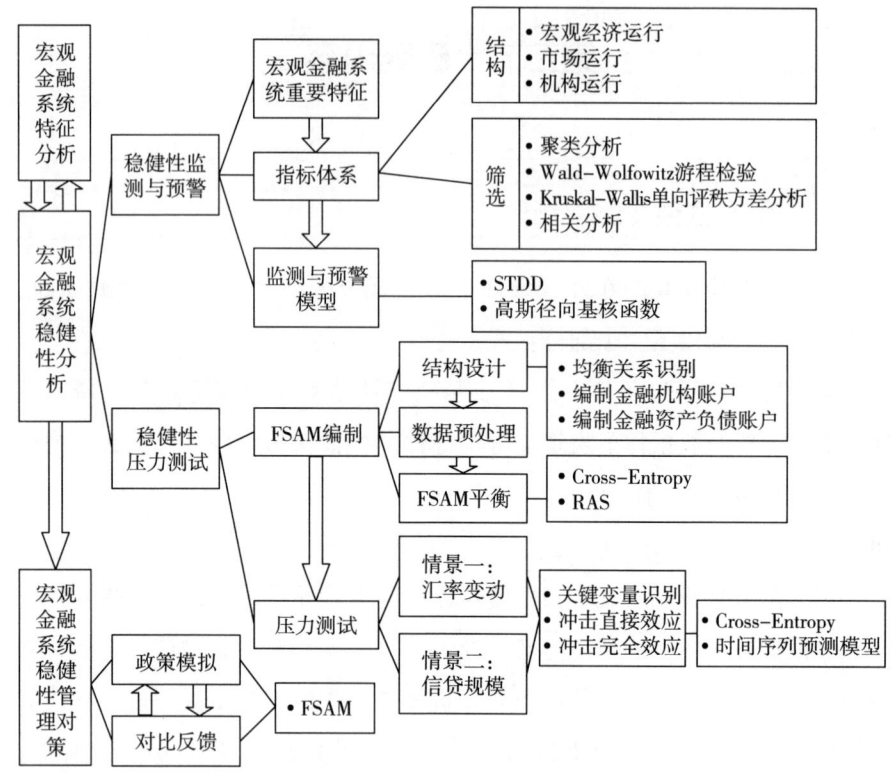

图 1-1　本书研究的总体思路

　　国内外比较研究。将选择国际组织的金融稳健性监测规范和实践进行比较和分析，同时比较我国与他们的差距，以吸取有益的借鉴并遴选值得推广的样本。

　　多元与非参数统计方法统计分析。在对我国开放条件下宏观金融系统的特征分析的基础上，利用聚类分析、非参数统计和相关分析等多元统计分析技术手段，对数据进行探索性挖掘处理，筛选出具有典型代表性的指标，构建宏观金融稳健性监测指标体系，确保指标体系在我国当前条件下具有显著性，协调指标体系的代表性和全面性。

　　数据挖掘技术及数理模型法。采用支持向量数据描述技术进行宏观金融稳健性监测预警；构建金融 CGE 模型，进行宏观金融稳健性压力测试，有效补充指标分析在极端条件下不能涵盖的风险。

指数分析法。对压力测试及政策模拟的结果进行指数合成，直观地给出因子变动效果，便于与基准情景对比。

三、主要观点及创新

本书提出了以下主要观点：①2006MFS作为当今核算领域的最新研究成果，提供了具有广泛可比性的金融与货币数据，但解决统计指标全面性和代表性的矛盾还必须依靠科学的指标筛选流程设计；②我国在金融稳健性监测实践中遇到的困难，传统的金融风险管理理论本身很难解决，必须在理解与协调风险确认、计量与调控理念的基础上，通过方法上的创新探索解决途径；③宏观金融稳健性管理政策的设计应通过仿真模拟进行事前验证，以确保政策可行性与有效性。完整合理的系统设计是建设有科学数据支撑、可操作性强的宏观金融稳健性监测与管理系统的有力保障。

本书的研究拟取得如下创新：

一是构筑一个包括指标预警分析和压力测试模块在内的宏观金融稳健性监测系统。宏观金融稳健性的监测应该是一项系统工程，单一的指标体系或描述性数据分析都无法独立胜任，因此，有必要建立一个监测系统，不同模块间互相补充、相辅相成。宏观金融稳健性指标能提供历史和现状的对比信息，并为预警模型提供客观的数据集；压力测试对政策当局来说是重要的风险评估工具，是金融稳健性指标分析的有效补充，能提供未来某种极端不利冲击影响的模拟信息。

二是以定性分析为基础，以多种统计技术为手段，设计一种全新的指标筛选流程，构建具有典型代表性的宏观金融稳健性监测指标体系。对金融体系稳健性进行预警与监测，指标体系具有代表性是基础。构建指标体系离不开对宏观金融系统运行特征的分析，这是设计指标体系框架的前提。海量指标和数据提供的信息会存在大量交叉、重复、矛盾甚至是无效的内容，那么设计一套指标筛选流程来筛选出其中具有典型代表性的指标就十分必要。

三是以 SVDD 模型进行预警分析，解决我国宏观金融非正常数据缺失的难题。中国并无公认的金融危机事件，非正常数据的收集是一大难点。SVDD 技术通过待检数据与正常数据相比对，围绕目标类数据建立支持向量描述模型——包括目标类数据的超球体，将目标类与所有离群类分开。

四是构建 FCGE 和 FSAM，在仿真系统中进行宏观金融稳健性压力测试。鉴于传统压力测试中采用计量经济学方法存在一些困难和不足，本书尝试构建我国金融 CGE 模型及金融 SAM。CGE 模型作为具有代表性的多部门模型，可对宏观经济和金融系统的运行进行高度仿真，并模拟部分极端情景进行压力测试。

第二章
开放条件下宏观金融稳健性及监测

第一节 开放条件下的宏观金融风险

一、开放经济：发展中国家的发展之路

姜波克在《国际金融学》中定义开放经济为"商品及资本、劳动力等生产要素跨越国界流动的经济"。当今世界经济活动联系日益紧密，并呈现出经济全球化、金融贸易活动自由化的发展趋势。商品与资本要素的国际流动，使一国与国际市场紧紧联系起来，但由于各国经济发展阶段不同，各国的对外开放程度也不尽相同，存在不同程度上的封闭性因素。体现一国经济开放程度的主要是商品、服务的国际贸易和国际金融活动，因此，衡量经济开放度的指标主要是贸易开放度和金融开放度。

20世纪70年代以来，世界宏观经济环境发生了广泛而深远的变化：货币体系改革，浮动汇率制实施，金融创新日新月异，科技飞速进步，网络迅速普及，跨国公司蓬勃发展，激烈的竞争使经济呈现出国际化的特

征。为适应经济全球化的趋势，世界各国都加大了开放的力度，纷纷放松管制，转而实施自由化战略。随着世界贸易组织、亚太经合组织等全球性和区域性多边贸易体制的确立，一个新的更加开放和竞争性的产品贸易体系将逐渐形成。开放经济下可以使资源在全世界范围内得到有效配置，并使一国社会总福利增加。发展中国家只有参与到这种体制中去，才能分享到全球化分工的益处。因此，发展中国家纷纷减少贸易保护、开放国内市场，减少资本流动的限制，开放国内金融市场，放松对商品劳务贸易的管制，不断开辟业务新领域和金融新产品。Sachs Jeffery 和 Andrew Warner（1995）证明，实行经济开放政策的发展中国家的经济增长速度明显高于实行封闭政策的发展中国家。

金融开放作为开放经济中的重要方面，是金融自由化在开放经济中的引申。金融自由化的理论依据源自于金融自由化的倡导者、美国经济学家 Edward Shaw 和 Ronalde Mckinnon（1973）的"金融深化论"与"金融压制论"。他们从不同的角度对发展中国家的金融发展与经济增长进行了深入的研究，认为"肤浅"的压制金融政策对经济增长不利，会恶化收入分配，削弱国民经济的独立性，而实行金融的"深化"则有利于发展中国家的经济增长。Mckinnon 和 Shaw 认为，一方面，政府对金融体系过度控制，造成资金形成困难和使用浪费的现象，阻碍了经济的发展；另一方面，呆滞的经济又反过来压制了资金积累和对金融服务的需求，形成金融与经济发展互相掣肘的恶性循环。因此，他们主张实施适合于发展中国家金融深化的策略，包括利率市场化、减少政府对金融业的干预、放弃以通胀刺激经济增长的做法、减少对外国资本的依赖性、放松或取消对汇率的管制、避免汇率的僵化和扭曲等，通过实现金融自由化来推动宏观经济的发展。实施金融自由化战略，可以对经济发展起到积极的作用，金融增长率得到提高，金融系统支持投资机会的能力扩大，信贷非价格配给消失，通过上述方式提高投资的边际收益，进而促进国民收入的增长。实施金融自由化的直接效果就是加快了国际金融的一体化，迅速扩大了金融市场的规模，增加了金融市场的竞争性和效率，加快了金融信息的快速流动，优化了资产结构和经济产业结构，提高了整个国民经济的综合效益。此外，还通过鼓励本国居民使用外币、鼓励本国金融机构对外追求海外收益，进而促进了资本的双向流动。

Mackinon（1991）还讨论了经济自由化的顺序，即在对外开放过程中，为维持稳定，要遵循经济部门对外开放的顺序，对外贸易的自由化应先于金融部门的自由化，而其中相对重要的是阐述金融自由化的问题。这一观点是对金融深化论（1973）的修正。20世纪90年代后期，伴随着金融自由化带来的金融危机，新古典主义将国际资本流动的潜在福利效应等同于现实收益的弊端显现无疑，人们对"要不要金融自由化"进行了重新审视。Asli Demirg Kunt 和 Enrica Detragiache（1998）的一项实证研究表明，金融自由化会单独对金融稳定产生负面影响，但即使金融自由化通过增加金融脆弱性带来金融危机，也会促进金融发展，"如何金融自由化"问题重归正统。黄金老（2001）从金融自由化与金融脆弱性的关系入手，提出了中国金融自由化的顺序；丁志杰（2002）从资本账户和金融服务贸易自由化两个方面分析了发展中国家金融开放的效应与政策。中国渐进式的金融开放是基本策略，"入世"时我国已经对中国金融市场开放的具体时间表作出了承诺，近年来又陆续出台了金融重大举措。

二、宏观金融风险：金融开放的伴生物

基于以上理论依据与经济环境的影响，发展中国家纷纷由封闭走向开放，实行经济自由化。然而，作为发展中国家，在金融开放中会面临的显著问题就是金融风险的递增。随着各国金融自由化战略的实施，金融创新活动空前活跃，技术日益复杂，世界金融市场已成为密不可分的一体，这使得金融活动中人的理性有限性及信息不完备性更为突出，金融活动的不确定性增加，不仅加大了金融风险，而且使金融风险技术上更加复杂。20世纪80年代以来，许多发展中国家发生了不同程度的金融危机，从阿根廷、智利等拉美国家的债务危机（1981~1982年），到墨西哥的比索危机进而引发整个拉丁美洲的"特奎拉危机"（Tequila Crises）（1994~1995年），

再到由泰国的货币危机引发的东南亚金融危机（1997~1998年），影响面之广、冲击力之强、对经济的破坏力之大，向人们敲响了防范危机的警钟。

金融风险是由不确定性引起的产生金融损失的可能性，而对宏观金融风险的确切概念尚无统一的界定。A. Crodkett（1977）定义金融系统风险为"由于金融资产价格的不正常波动或大量的金融机构背负巨额债务及其资产负债结构恶化，使其在经济冲击下极为脆弱并可能严重影响到宏观经济的正常运行"，该定义强调的是金融系统风险的成因。Kaufman（1995a）的定义则强调风险的传递特性，他认为金融系统风险是"一个时间在一连串的机构和市场构成的系统中引起的一系列连续损失的可能性——就是说系统风险是整个体系所引发的多米诺骨牌效应"。史建平（1998）提出宏观金融风险是宏观经济运行中的金融风险，"由于金融体系和金融制度的缺点、金融政策的失误以及微观金融风险的积累等因素，导致经济波动的加剧和经济发展的停止或倒退，从而给整个国民经济带来损失的可能性"。刘尚希（2006）等强调宏观金融风险的后果和特征，他们认为"宏观金融风险是指对经济、社会、政治的稳定产生重大的全局性影响的公共风险，其一般表征是大批金融机构和银行倒闭、银行出现疯狂挤兑、大型企业债务危机、本国货币大幅贬值、巨额外汇资产逃逸、证券市场崩盘、房地产价格猛跌"。可见，处于不同的研究立场，国内外学者对宏观金融风险的定义存在不同的侧重点。

本书的研究中心是宏观金融的稳健性，其与宏观金融风险是一个问题的两个方面。因此，要想清晰地界定什么是宏观金融稳健性，就要对宏观金融风险有一个明确的认识。发展中国家在金融开放的环境下，宏观金融风险更易出现，一是市场经济体制不完善，缺乏有效的内部控制和风险管理机制，内部监督不力，体制性风险加大；二是发展中国家金融业起步晚、竞争力较弱，易受国际金融市场的波及。因此，发展中国家的金融风险更多地体现为体制性风险，所导致的损失容易超出金融领域扩散到社会各个部门。鉴于此，本书定义宏观金融风险为"由于经济金融因素的变化，资金融通活动中金融脆弱性增强，从而出现资产价格偏离经济基本面，金融体系不能较好地履行经济职能，金融危机因素增多，给国民经济产出带来严重损失的可能性"。宏观金融风险的生产、传染、累积、爆发表现为一个连续的动态过程。

第二节 开放条件下的宏观金融稳健性

一、宏观金融稳健性的内涵：宏观金融风险的一体两面

如前所述，宏观金融的稳健性与宏观金融风险是一个问题的两个方面。宏观金融稳健并不是要求每个金融机构在任何时候都保持最优，但整个金融体系必须处于一种可控的稳健状态。也就是说，宏观金融稳健是指一种状态，即一个国家的整个金融体系不出现大的波动，金融作为资金媒介的功能得以有效发挥，金融业本身也能保持稳定、有序、协调发展，但并不是说任何金融机构都不会倒闭。

对金融稳健性的定义和内涵，南开大学经济研究所的伍志文、蒋丽丽（2005）做过一个系统的梳理，Allen 和 Gale（2000，2001）、Carletti 和 Hartmann（2002）、Debandt 和 Hartmann（2002）也做过介绍和评价，可以大致归纳为以下两类观点：

（一）*直接界定*

笼统地将直接阐述宏观金融稳健性内涵的观点都归入这一类。进一步地，可以细分为以下几个视角：

Mishkin（1991，1997）首先提出从弹性的角度进行定义，强调金融体系的弹性，即金融系统吸纳冲击能力是宏观金融稳健的关键。Padoa Schioppa（2003），Haldane（2001），Udaibir S. Das（2004）等持相同观点，他们认为，单个的银行破产并不一定是金融不稳定的证据。个别质量不佳的金融机构的倒闭，若能够提高整个金融系统吸纳冲击的弹性，那么这甚至有助于维持和提高宏观金融的稳健性。

Deutsche Bundesbank、Norges Bank、Frederick Mishkin（哥伦比亚大学）等从金融功能的角度进行界定，认为金融稳健性不仅意味着金融在配置资源和风险、聚集存款和推动财富积累、发展和增长方面能充分地发挥作用，同时也意味着经济中的支付系统运行平稳。

Wim Duisenberge（欧洲中央银行）、Michael Foot（英国金融服务局）等从金融系统和金融结构的角度，把金融稳健性具体划分为金融机构的稳健性、金融市场的稳健性和金融基础设施的稳健性等，认为金融稳健性可看作是一个随着时间而变化并与金融组成成分的多种多样的组合相一致的连续体，认为金融稳健性是以预期为基础的、动态的，并且依赖于金融体系众多部件的良好运行。

Garry J. Schinasi、Garry J. Schinasi（2004）既看重过程，又强调结果，将金融稳健性定义为金融体系化解危机的能力，即金融体系减少、遏制和处理突发的不平衡事件的能力。Garry J. Schinasi（2004）认为，金融稳健性通常是根据其推动和增强经济运行、管理风险和消化吸收冲击的能力来界定的。金融稳健性需要从预防性和补救两个方面来考虑。十国集团（2001）在此基础上更进一步，认为金融稳健性是指在既定的冲击下，金融体系防止危机发生的能力，强调的是金融体系抵抗风险的能力，而不是结果。

（二）间接界定

这一类对宏观金融稳健性的内涵表述从结果或者通过理解金融稳健的对立面——金融不稳定或金融脆弱性来间接界定。正如 Issing（2003）和 Padoa-Schioppa（2003）所提到的，一些研究者发现，对金融不稳定或金融脆弱性很容易定义，而对它积极的一面下定义就显得困难。很多人同意了这种观点。他们的研究结论可以归纳为以下几个角度：

Nout Wellink（De Nederlandsche Bank）、Tommaso Padoa-Schioppa（欧洲中央银行）、Anna Schawartz（美国国民经济研究局）等通过是否发生危机来判断金融稳健与否。他们将金融稳健性视为没有银行业危机且资产价格稳定的状况，若金融市场或单个金融机构的扰动整体上没有损害经济活动，就不认为是对金融稳健性的威胁。这样的定义并没有阐述清楚金融体系稳健到底是一种什么样的状态，对金融稳健的预警没有任何帮助，因此没有得到广泛的认同。

John Chant（加拿大银行）等强调金融不稳定的动态性和连续性，认为"金融不稳定是指金融市场的一种状态，这种状态会通过对金融体系运行的影响，损害或者即将损害经济的正常运行。它由源自金融系统内部的冲击通过系统传导或由源自金融系统其他方面的冲击传导而引起。金融不稳定可以以多种方式损害经济的运行"。

Roger Ferguson（美国联邦储备体系董事会）研究了金融不稳定时的表征，归纳了三个基本标准来判断或界定金融不稳定：①某些重要的金融资产的价格似乎与其基础有很大脱离；②国内的和国际的市场功能和信贷的可获得性都存在明显的扭曲；③总支出与经济的生产能力出现明显的偏离（或即将偏离）。这一界定是站在中央银行和其他当局的立场上定义的，因为对当局来说，最有用的金融不稳定概念与可能会对真实经济行为产生潜在损害的市场失灵和外部性密切相关。

国际清算银行的Andrew Crockett（1996）把金融稳健性定义为"不存在金融不稳健性"，其中，金融不稳健是由金融资产价格的波动或金融机构无法履约所引起的。他强调，金融不稳健应该存在真实经济成本，它是潜在的损坏而不是真实损坏，它不仅包括银行、非银行和市场，还包括其他金融机构，如果这些机构倒闭了，他们拥有在系统中产生大范围损坏的能力。

哥伦比亚大学教授Frederick Mishkin（1999）从信息论的角度来定义，认为造成金融不稳定的原因是经济中的各种冲击因素干扰了信息传递，致使金融体系不能正常运转。

从现有的关于金融稳健性的界定和论述来看，迄今为止，实务界和学术界尚没有一个科学准确的、可操作性的定义。本书目的在于构建我国宏观金融稳健性监测系统，力求对我国宏观金融监管提供政策建议，因此试图在前人的基础上界定一个具有可操作性的定义。宏观金融稳健是金融体系功能运作良好的一种理想状态,是系统在某种程度上稳定且有效,最终目的是实现资源配置的最优化。本书将金融稳健性定义为一种金融体系处于能够有效发挥其关键功能的状态,并保有一定的化解冲击的能力。在这种状态下,宏观经济健康运行,货币和财政政策稳健有效,金融机构、金融市场和金融基础设施能够发挥资源配置、风险管理及支付结算等关键功能;在受到外部因素冲击时,金融体系整体上仍然能够平稳运行,不会丧失其关键性功能。

二、宏观金融稳健性的本质特征:宏观金融风险的可控状态

与对金融稳健性的直接和间接两种界定相对应,对宏观金融稳健性的本质特征的阐述也可以归纳为相应的两种。

直接对金融稳健性特征进行阐述的代表性人物是国际货币基金组织和欧洲中央银行等机构的研究人员,他们的观点普遍更侧重于金融系统的宏观表现和功能。国际货币基金组织研究员 Aredt Houben 等(2004)认为,在金融稳定状态下,金融体系应具有如下特征:一是在各种经济活动中能有效地分配资源;二是能评估和管理金融风险;三是能承受各种冲击。欧洲中央银行执行委员会委员 Padoa Schioppa(2003)认为,金融稳定是指金融机构、金融市场和市场基础设施运行良好,抵御各种冲击而不会降低储蓄向投资转化效率的一种状态。国际清算银行的 Andrew Crockett 认为,金融稳定可包括:①金融体系中关键性的金融机构保持稳定;②关键性的市场保持稳定,经济主体能以反映市场基本因素的价格进行交易。德意志联邦银行(Deutsche Bundesbank,2003)指出,在金融稳定状态下,金融体系面对各种冲击、外来竞争压力和深度机构调整,能有效地履行分配资源、分散风险和结算交易等主要职能。

间接对金融稳健性特征进行表述的代表性人物是美国联储董事会前主席 Roger Ferguson,他从非常具体的三个方面归纳了金融不稳定的三个特征:①某些重要金融资产的价格严重偏离经济基本面;②金融市场的正常运行及可贷资金量受到严重影响;③总需求明显偏离均衡水平,远高于或

低于一个经济体的潜在总供给水平。

对应前文提出的金融稳健性定义，可以总结出宏观金融稳健性本质特征实质上就是宏观金融风险处于可控状态下。此时，依然存在各种金融风险和冲击，但稳健运行的金融体系能够有能力化解这些冲击和风险，因此表现出来就是金融体系仍然能够有效发挥其各项主要功能。具体的特征展开来说主要是以下几个方面：

首先，金融体系中的金融机构特别是具有信用创造能力的金融机构，从整体上看，其经营是稳健的，即大部分金融机构能够持续经营并履行他们的债务，而无须外界的援助。但并不排除个别金融机构因管理、经营不善等原因关闭，只是这些个别机构的关闭不足以引发链式反应导致大面积金融机构倒闭。

其次，金融市场是稳健的，交易价格能正确传递出基本经济因素变化的信息，交易者能够依据价格信息在市场上公允交易；市场交易价格不应出现背离基本经济面的剧烈短期波动。

再次，由金融机构和金融市场构成的金融体系及其金融运行机制都是稳健的，个别金融机构或市场危机波及其他金融机构和市场的可能性很小，不足以引发系统性金融危机。

最后，金融机构通过市场要素相互实现联系，金融监管部门对金融机构的经营活动和金融市场的运行能进行有力的监管和有效的调控。

第三节　开放条件下宏观金融稳健性监测系统的框架设计

宏观金融稳健性监测就是通过各种定量分析的手段，实施跟踪和记录宏观金融运行中会威胁其稳健性的因素，反映金融体系中潜在的风险和脆弱性，并及时通过数据的预警发现警兆，实施防范或救助措施。宏观金融稳健性监测的目的是帮助中央银行和监管当局评价和监测金融体系自身及宏观环境所存在的不稳定性，以及金融体系对抗风险的能力，为防范和控制金融风险尤其是防止金融体系的崩溃、提高金融体系的稳健性提供支持。

宏观金融稳健是市场经济有效运行的核心基础，它不仅为实际资源的配置提供理性决策的基础，而且为储蓄与投资营造出良好的氛围。然而，20世纪90年代以来，随着经济和金融全球化趋势的加剧，一系列国际性的金融危机接连爆发，显示出当代国际金融体系的脆弱性。由此，开放条件下宏观金融体系是否稳健，能否抗击宏观经济环境恶化、国际资本流动及金融创新与结构性变革等所带来的冲击，成为各国政府和国际组织关注的重要问题。

一、金融稳健性监测研究综述

宏观金融稳健性监测有两个重要内容：指标体系和评价模型。前者是进行评价的基础，后者是正确解读数据信息的解码器。

处于金融稳健性指标体系研究领先地位的当属IMF等国际组织和各发达国家央行。IMF和World Bank在1999年发起的"金融部门评估项目"（FSAP）是目前最被广泛接受的金融稳定评估框架。FSAP在宏观、微观、监管三个层面评估金融体系是否稳健，并形成被评估经济体金融稳健性报告。2001年，IMF总结了20世纪90年代金融危机中的经验，出版了《金融体系稳健性的宏观审慎指标》，用以指导成员国金融体系的稳健运行。各国政府纷纷以FSAP为参考基础，开发出本国金融稳健性评估系统，如英格兰银行的TD系统、奥地利银行的SRM系统等。通常采用的方法包括金融审慎指标、压力测试、标准与准则评估等。

2006年，IMF出版《金融稳健指标（FSI）编纂指南》供各国参考。指标体系包括12个核心集指标和27个参考集指标。核心集指标全部是有关金融部门的变量，除了管理健全性难以量化之外，与美国的CAMELS准则大体一致。参考集指标除了金融部门变量外，还包含了12个实体部门变量。IMF建议各国视各自国情斟酌采用参考集指标。FSAP作为国际上应用最广的金融稳定评估框架，对我国宏观金融稳健性监测系统的构建有极好的借鉴和启示作用。本书在第三章专门解读 FSAP，目的在于更好地理解 IMF 金融评估的思想，更清晰地理顺 FSAP 的结构和逻辑脉络。

欧盟央行在 IMF 金融稳健指标的基础上，对会员国建议了一套宏观审慎指标（MPI）。虽然 MPI 主旨也是监控金融部门的稳定性，但涵盖的范围更广，包含了 174 个指标。尽管 FSI 和 MPI 有交叉的指标，合计仍有近 200 个建议指标。

我国目前还未加入 FSAP。中国人民银行在 2005 年 11 月首次发布自评估报告《中国金融稳定评估报告》，主要是对中国金融体系的稳健性及蕴含的风险做出结论性评估，对金融稳健指标、早期预警系统、敏感性分析及压力测试的方法并没有具体涉及。

一项稳健性指标的重要与否取决于它是否能客观反映宏观金融系统的运行状况。国外研究文献中有三个已知的方向：一是利用无参数的衡量，如 Kaminsky、Lizondo 和 Reinhart（1999）的"调整噪声信号比"，Udaibir S. Das、Marc Quintyn 和 Kina Chenard（2004）的 FSSI 指数；二是 Probit 或 Logit 等二元反应模型，如 Michael D. Bordo、Michael J. Dueker 和 David C. Wheelock（2000）建立的金融稳健性状况指数；三是 Sachs、Tornell 和 Velasco 等提出的横截面回归模型（STV）。遗憾的是，这三类方法应用在金融危机的样本国家时，并非总能取得令人满意的结论，并且这几类方法在统计学上也颇有争议：一是因为金融稳定的这种状态，在季度资料或月度资料上存在着自相关性，这个时序相关性会导致两种分析产生偏误；二是这几种方法运用综合指数来判断危机状态时，均要确定一个阈值，若实际数值超过阈值，就意味着发出预警信号，但由于客观事物总在不断发展变化中，并且具有中间过渡的模糊性，要想确定准确的阈值是非常困难的；三是这些方法在我国的运用遇到的一个共同困难就是缺乏足够的表现预警对象异常波动预警警兆的非正常数据。三类方法都必须基于一定的样本历史数据和足够的非正常数据，才能进行修正或自学习达到一定的准确程度。我国并无公认的反映金融危机的事件，如银行倒闭、流动性崩溃、汇价大幅贬值等，在没有足够预警警兆样本的情况下，现有的这些方法效果欠佳。

Kaminsky（1999）等的研究就指数的具体构成及其指标选择进行了大量的研究工作，但是他们并没有开发出一个连续地衡量金融稳健性的指数。张尧庭、朱世武、谢帮昌（2003）等从VAR的角度进行了补充，探讨了我国金融稳健性指标选择问题，但由于我国并无公认的反映金融危机的事件，因此这几种方法在国内都没有得到普遍的肯定。另外，国内不少学者利用指数的方法在金融稳健性测度方面进行了大胆的尝试，如伍志文（2001）、孙立坚（2004）、刘锡良（2004）等采用算术平均法和主成分分析法计算出了一个金融稳健性或者金融安全综合指数；郑鸣、樊纲、曾诗鸿等分别从银行清偿力、国家综合负债水平、银行不良资产角度测度银行或者金融稳健性。但整体来看，国内对金融稳健性测度方面的研究尚处于探讨阶段。

二、宏观金融稳健性监测系统的框架设计

综观国内外相关领域的理论与实践，我国相关领域的研究和实践面临两大局限：一是相关的监测与预警模型因我国时序数据和非正常样本数据的缺失而在指标、权重及阈值的确定上非常困难；二是缺乏宏观金融系统极端条件下的特征研究。本书旨在通过方法上的创新和拓展，包括基于SVDD（Support Vector Data Description，支持向量数据描述）技术的预警模型和基于FSAM（Financial Social Accounting Matrix，金融社会核算矩阵）的情景模拟框架，攻克这两大局限，填补现有方法的不足，为认识和研判经济金融形势提供新方法和新思路。在经济与金融全球化趋势的大背景下，金融风险传递迅速、破坏巨大，这无疑是一项极具现实意义且迫在眉睫的研究任务。

研究中国的宏观金融稳健性问题，试图建立我国开放条件下的宏观金融稳健性监测系统，依序要解决的问题包括：对中国而言哪些才是"重要"的指标？如何解决我国经济与金融运行过程中非正常数据不足的问

题？面对压力测试中常用计量经济学模型的不足，如何考察对我国宏观金融稳健性在极端情况下的状况？本书设计了如图2-1所示的宏观金融稳健性监测系统，试图对解决这些问题进行初步的探讨。

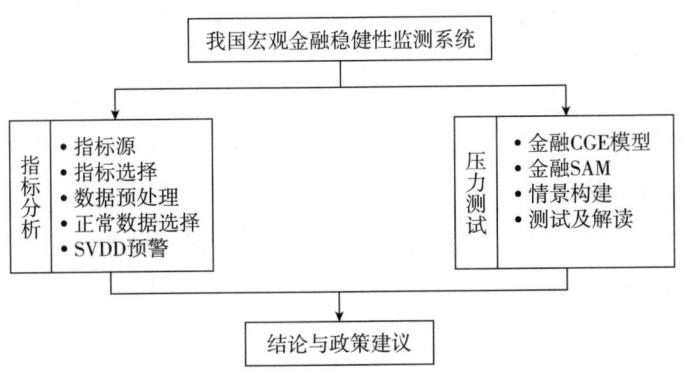

图2-1 我国宏观金融稳健性监测系统结构设计

该系统包括以下主要模块：

第一，基于SVDD技术的金融稳健性监测与预警。对金融风险的监测和预警是规避或将危机程度降至最低的关键环节。要做到早期应对，关键在于两方面：一是指标体系。有效的指标体系必须能反映现阶段金融体系的显著特征，并兼顾全面性和代表性。经前期研究，我们选择IMF《货币与金融统计核算体系》（2006MFS）和微观金融监管指标作为指标源。为解决海量指标和数据间信息交叉、重复、矛盾的问题，拟设计基于非参数检验、聚类技术和方差分析的指标筛选流程。二是监测与预警模型。基于SVDD（D. Tax, 1999；林健、彭敏晶，2006）技术，引入高斯径向基核函数进行优化，围绕正常年度数据对象建立超球体，若待判数据落于超球体外，则通过审慎判断后发出预警信号。引入高斯径向基核函数优化后的SVDD技术，能够解决优化方程中边界形状单一、空间过大、易将非正常数据纳入超球体范围的缺陷，有效地将目标类与所有离群类分开，实现在缺乏预警警兆样本数据情况下进行预警工作的目标，解决非正常数据样本的缺失问题。

第二，基于 FSAM 和 CGE 技术的金融稳健性压力测试。微观压力测试模型不能体现金融系统的多部门、多市场特征，本书拟设计 FSAM 一般均衡框架进行情景模拟，攻克这一问题。一是 FSAM 的设计与编制。传统的实体 SAM 不包括金融部门和金融工具，无法分析和模拟金融政策变化导致的金融与实体部门的交互作用。本书对实体 SAM 结构进行拓展和重构，以 Walras 一般均衡理论为基础设计我国 FSAM，引入金融部门及金融资产与负债的流量和存量账户，有效模拟和仿真测试情景对金融稳健性的影响。二是情景设计与模拟。通过观测 CGE 框架下多部门系统在冲击发生前后一般均衡状态的变动路径，度量和评估金融系统在遇到冲击时保持稳健的能力，识别脆弱环节。

第三章
宏观金融稳健性监测国际规范

第一节 宏观金融稳健性监测国际规范综述

亚洲金融危机后研究金融脆弱性和金融预警的文献开始增多,并强调对金融机构风险和宏观金融风险的识别与监控。与此同时,为了指导各国金融体系的平稳运行,许多国际组织和专家纷纷加强了对金融稳健性的研究,各国学者也从不同方面不断完善和补充。

一、IMF 的金融评估计划

1995 年 5 月,国际货币基金组织(IMF)和世界银行(World Bank)联合启动了一个"金融评估计划"(Financial Sector Assessment Program,FSAP)。这一计划被设计用于识别成员国金融体系的优势和脆弱性,并形成相应的金融系统稳健性评估报告,为制定相应的政策提供帮助。对世界银行来说,金融部门评估项目报告是制定金融部门发展战略的基础。

1999 年 9 月,IMF 召开了协商会议。会议形成了 FSAP 在 9 个领域的标准与准则。FSAP 通过三个层次衡量一个经济体的金融体系是否稳健。

一是宏观层次：宏观审慎监督是否到位，包括：金融稳健性指标（Financial Soundness Indicators），监测脆弱性及承受损失的能力；压力测试，考察极端环境下金融系统的承受力。二是微观层次：金融基础设施是否完备，包括支付体系、会计准则、公司治理、安全网等。三是监管层次：对金融部门的监管是否有效，包括银行、证券、保险、支付体系。

鉴于亚洲金融危机的广泛性以及危机后果的严重性，IMF开始着手完善度量金融稳健性的工作。为找出在宏观审慎分析中较为重要的指标，国际货币基金组织对其成员国及区域国际机构进行了一次调查。根据调查的结果加上积累的经验，2001年，IMF对FSAP宏观审慎分析中的金融稳健性指标单独进行了研究，开发了一套新的金融统计指标——金融稳健指标体系（FSIs）。金融稳健指标体系革新了原有FSAP中的指标体系框架，将宏观经济统计和金融监管信息相结合，从不同的角度对经济金融的运行状况做出描述，对金融风险进行全方位、多层次的评估。2002年9月，IMF推出了《金融稳健指标编制指南（草稿）》；2003年6月，IMF对金融稳健指标进行了修订；2004年7月，在广泛征求了专家、学者及各成员国的意见后，正式推出了《金融稳健指标编制指南》。正式推出的《金融稳健指标编制指南》作为一个衡量金融体系稳健性的国际统计框架，是一个包括39个指标在内的指标体系，不仅包括存款机构部门，而且兼顾了非银行金融机构、企业部门、住户部门、金融市场和房地产市场。IMF所设计的金融稳健指标，在计算方法上与统计、会计等领域的国际准则实现了接轨，这样既保障了金融稳健指标的数据来源，又避免了另行调查所要增加的统计成本。

二、欧洲中央银行的金融稳健性评估计划

亚洲金融危机爆发后，2000年初，应欧洲中央银行（ECB）监管委员会（BSC）的要求，ECB金融稳健性工作小组展开了对宏观审慎指标体系的初步研究。脆弱的银行系统常常是金融危机的突破口，因此工作小组认为应该以银行系统为核心，从七个方面体现金融的稳定性，即信用变化指标体系中的指标、竞争环境指标体系中的指标、金融机构效益和质量指

第三章 宏观金融稳健性监测国际规范

标、金融脆弱性指标、资产价格指标体系、周期性条件和货币性条件的指标体系、道德风险指标体系。

ECB又将潜在的金融监测指标分为三类：一是有关银行体系稳健的系统指标，包括贷款行为、竞争条件、流动性状况、风险集中程度、资产质量、获利能力、资本准备、市场评估等；二是影响银行体系的宏观经济指标，包括收入展望、杠杆度、债务负担、资产价格、货币条件外部头寸等；三是危机传染性指标。

三、美国宏观金融稳健性监测

美国的宏观金融稳健性监测主要是通过指标体系进行，主要分成宏观经济指标和综合微观金融指标两类。

宏观经济指标主要是衡量宏观经济与金融体系的稳定状况及其相互关系的指标。从金融业的角度分析，该类指标又可以分成货币政策和金融监管两个层次，其中，货币政策的目标主要是指充分就业物价稳定、长期利率稳定和经济增长等；金融监管的指标主要是指衡量一个国家金融体系健康与稳定程度的指标，该类指标强调金融危机的成因以及宏观经济、金融体系、企业以及国外金融业出现了严重问题的联动效应。在宏观经济指标体系中，核心指标主要包括商品与劳务的产出及构成（GDP）、国际收支中经常项目与资本项目的趋势及结构、反映通货膨胀的价格及波动的指标（如CPI、PPI、CE等）、就业指标、劳动生产率及设备利用率、工业生产及基建状况的监测指标、经济先导指数（LEI）、消费者信心指数、采购经理指数等。此外，核心指标还包括衡量宏观金融状况的监测指标，如货币供应量的组成及目标增长率、利率和汇率的波动性及实际水平、企业及消费者的存贷款指标、金融市场指标、金融市场之间的相关性、外部金融危机的传染效应等。

综合微观金融指标主要包括一些反映金融业特别是金融机构当前财务及其运行状况的指标。在美国，金融监管当局十分注重此类指标，认为健康的金融机构是整个金融业稳定的基础，他们将收集到的反映金融机构稳健性的数据进行汇总和研究,以便及时对存在的问题和隐患采取相应的修正措施。目前,美国两家联邦银行监管当局的现场稽核均使用 CAMELS 评级系统。该系统主要是监测和评估金融机构经营的六个方面:资本充足率、资产质量、管理能力、收入及盈利性、流动性、对市场风险的敏感程度。实践中,美国监管当局还运用一些非现场金融宏观指标监测预警系统以及经济模型,如美联储正在使用的"评估检查评级模型系统"(简称 SEER 模型)、联邦存款保险公司的"预测银行评级降级的预警模型"(简称 SCOR 系统)等。

四、国际规范的评价

几大比较流行的宏观金融稳健性监测国际规范之间互有借鉴,又各有不同的思路和特点。但正如 IMF 承认的那样(Staff Team Led By Owen Evans, Alfredo M. Leone, Mahinder Gill and Paul Hilbers, "Macro-prudential Indicators of Financial System Soundness," IMF Occasional Paper 192, April 2000),宏观金融稳健性监测重点关注的是定量变量,仅仅这些指标还不足以对金融系统的稳健性进行全面的评估,完整而全面的评估还依赖于许多难以量化的因素。比如,制约金融系统的制度性和监管性框架的充分性;金融系统和市场的结构;关于会计和其他标准的规则及披露要求;贷款分类、计提准备金及收入确认方面的规则和其他审慎规则;金融机构监管的质量;法律基础设施(包括破产和优先受让领域);激励结构和安全网;自由化和放松监管的过程;等等。

相对来说,国际货币基金组织提出的 FSAP 针对性较强,比较完善,更具有实用性。目前,澳大利亚、比利时、巴西、加拿大、法国、丹麦、英国等国家的中央银行都是以 FSAP 为基础进行稳健性评估的。FSAP 已成为 IMF 对一国金融体系实力、脆弱性和潜在风险进行全面评估的框架体系。鉴于此,本书设计的我国宏观金融稳健性监测系统,其结构充分吸收了 FSAP 评估框架的优点,从指标体系与预警系统、压力测试和制度评估三个方面设计机构。为了更清晰地透视 FSAP,在本章第二节至第五节中将对

FSAP的理念和结构进行解读，作为构建我国宏观金融稳健性监测系统的有益借鉴。

五、我国的宏观金融稳健性评估工作

作为IMF成员国之一，我国的中央银行对防范系统性金融风险同样非常重视，这也是出于对维护本国金融稳健的客观需要。与绝大多数国家一样，我国的金融稳健监测尚处于框架的探索阶段。人民银行在监管职能分离出去以后，金融稳定已是我国中央银行的一项重要职能。2003年12月颁布的《中国人民银行法》总则就明确规定了中国人民银行保证国家货币政策的正确制定和执行，建立和完善中央银行宏观调控体系，维护金融稳定的职责。2003年，人民银行联合国务院、国家发展和改革委员会、财政部、国家统计局、银监会、证监会、保监会、国家外汇管理局等单位，根据IMF的FSAP对中国进行首次金融稳定自评估。测试项目主要包括"金融稳定性评估"（包括可能影响到金融体系绩效的宏观经济因素和可能影响到宏观经济的金融系统因素）、"金融业及相关的标准、守则和良好做法的遵守情况评估"和"金融业改革和发展的需求评估"三大部分。此后，我国每年都进行金融稳定自评估工作，并且评估结果以《中国金融稳定报告》出版物的形式进行发布。2008年，我国正式加入IMF的金融部门评估规划（FSAP）。历年《中国金融稳定报告》中并不包括金融预警、压力测试等定量分析的结果和测试内容。

第二节　国际货币基金组织与世界银行金融评估体系：FSAP

一、FSAP风险和风险管理理念

FSAP与《巴塞尔协议》评估对象的不同，决定了两者在风险和风险

管理理念上的本质区别。《巴塞尔协议》是国际银行界风险管理的理论指导和行动指南，提倡的是全面风险管理，并以银行风险/收益均衡作为全面风险管理目标。而 FSAP 旨在维护一国宏观金融体系稳定，为各国政策制定者提供促进金融发展的政策依据，因此，FSAP 关注的风险必定是能够影响到一国经济安全的宏观金融风险，不仅是银行业，还包括所有的金融机构和部门；不仅着眼于微观金融企业，还包括整个金融市场、宏观经济和实体部门。

基于这样的本质区别，可以归纳：FSAP 对风险的认识是影响宏观金融稳定和金融发展的显著或潜在因素。所谓金融稳定，是只能防止大量金融机构破产倒闭的一种环境，以及避免关键金融服务出现重大混乱的条件。关键金融服务包括储蓄者的存款和投资、投资者的贷款和证券投资、储蓄者和贷款者的流动性和支付服务、风险分散和保险服务、对资金使用者的检出、对非金融企业公司治理的规范等。所谓金融发展，是使这些服务得到强化和多样化的过程，以有效、高效地满足经济代理人的需求，从而达到支持和促进经济增长的目的。这个定义是一种广义上的界定，意味着金融稳定的程度包括从严重的不稳定（危机状态）到持续总体稳定之间的各种稳定程度；金融发展包括涉及多个金融功能和部门的广泛和均衡发展，也包括具体功能或部门的狭义发展。

在这样的风险理念指导下，FSAP 认为宏观金融风险管理有赖于一整套结构、制度和政策因素。政策制定者可以通过两个渠道实现对宏观金融风险的管理：一是这套结构、制度和政策因素影响私人部门对承担风险的态度、金融服务范围和涉及深度，以及金融部门治理的质量；二是这套结构、制度和政策因素影响金融政策在促进金融机构和市场稳健、良好运行方面的有效性。这两个发挥作用的渠道正是 FSAP 评估框架设计的出发点。通过这种形式的风险管理，可以实现宏观层面上的多个政策目的：①监测宏观金融体系的稳健性和发展，规避宏观金融风险；②分析金融部门和宏观经济之间的联系；③评估货币政策和财政政策各个方面的有效性；④促进核心金融政策领域的协调和国际合作。

二、FSAP 宏观金融稳定评估与监测

既然 FSAP 认为宏观金融风险管理有赖于一整套结构、制度和政策因素，在设计金融部门评估框架时，就将这一整套结构、制度和政策因素具体化为政策和操作层面上支撑金融有序发展和持续稳定的三大支柱。

支柱Ⅰ：宏观审慎监测和金融稳定分析。这一部分的评估主要目的是监测潜在宏观和制度因素（包括国内和国外）对稳健性（风险和脆弱性）和金融体系稳定的影响。

支柱Ⅱ：金融体系监管情况评估。这一部分的评估主要目的是管理风险和脆弱性，保护市场操守，为有效的风险管理和金融机构良好的公司治理提供激励。

支柱Ⅲ：金融体系基础设施情况评估。这一部分的评估主要目的是从政策准则和制度层面上判断一国获得充足金融服务和金融持续发展的水平。主要包括三个方面：①金融的法律基础设施，包括破产体制、债权人权利和金融安全网；②系统流动性基础设施，包括货币和外汇操作，支付和证券清算系统，货币、外汇和证券市场的微观结构；③透明度、治理和信息基础设施，包括货币和金融政策透明度、公司治理、会计和审计框架、信息披露体制、对金融和非金融企业的市场监督安排以及征信体系。

FSAP 通过对金融部门在这三个支柱方面的表现进行评估，综合判断一国金融系统是否稳健，能否对经济发展起到积极的作用。

三、FSAP 风险监测的模式与内容

FSAP 结合定量分析与定性分析对金融部门进行评估，以此监测宏观金融风险。对支柱Ⅰ"宏观审慎监测和金融稳定分析"以定量分析为主，支柱Ⅱ"金融体系监管"和支柱Ⅲ"金融体系基础设施"以定性分析为主。定量分析的工具包括指标分析和压力测试。定性分析主要是金融部门相关国际标准、准则、良好实践的评估及各国金融稳定和发展方面的具体问题分析。FSAP 评估监测的模式与内容如表 3-1 所示。

表 3-1 FSAP 评估监测的模式与内容

构成		内容	分析工具
金融部门评估	金融稳定评估	宏观审慎监测（核心）	金融稳健性指标（FSIs）、压力测试
		宏观经济和金融市场监测（补充）	早期预警模型（EWSs）
		宏观金融联系分析（补充）	金融和非金融部门汇总资产负债表
	金融结构和金融发展评估	金融市场结构监测 金融部门发展监测	指标分析
	金融体系基础设施评估	法律、信息、交易技术	定性分析

FSAP 从以下四个层面对金融风险进行评估：一是通过金融市场数据，监管金融市场状况，评估金融市场的现状、规模和结构是否具有足够抵御冲击的能力；二是主要通过 FSIs 的统计指标对实体经济部门和金融部门的运作情况进行考察和监控，从金融风险产生的源头进行监管；三是针对一国经济中实体经济和金融部门之间内在的联系，结合其他信息和经济统计指标来评估金融中介部门对金融风险的产生和发展的作用机制；四是综合考察宏观经济是否孕育着潜在的金融风险。FSAP 按照图 3-1 所示的框架对一国金融状况进行系统分析和评估。

四个层面作用于不同的分析目标：

第一层面监管金融市场本身的规模、结构及基础设施的建设状况。金融市场规模越大，结构越合理，各项国际准则和制度越规范，监管越有效，就意味着一国金融市场越成熟，抵御冲击的能力就越强。

第二层面是运用宏观审慎性监管原则对金融风险产生的根源进行监管。借助于 FSIs 指标体系，从三个方面对一国经济中的金融风险进行审慎性监控。首先，将企业、居民和房地产市场的各项统计指标（主要是鼓励指标集）作为预测指标对金融体系可能遭受的冲击进行分析，从早期防范金融风险；其次，考察银行金融机构的资产质量、流动资产和市场流动性等综合指标（主要是核心指标集），发现金融机构的弱点，以此判断银行

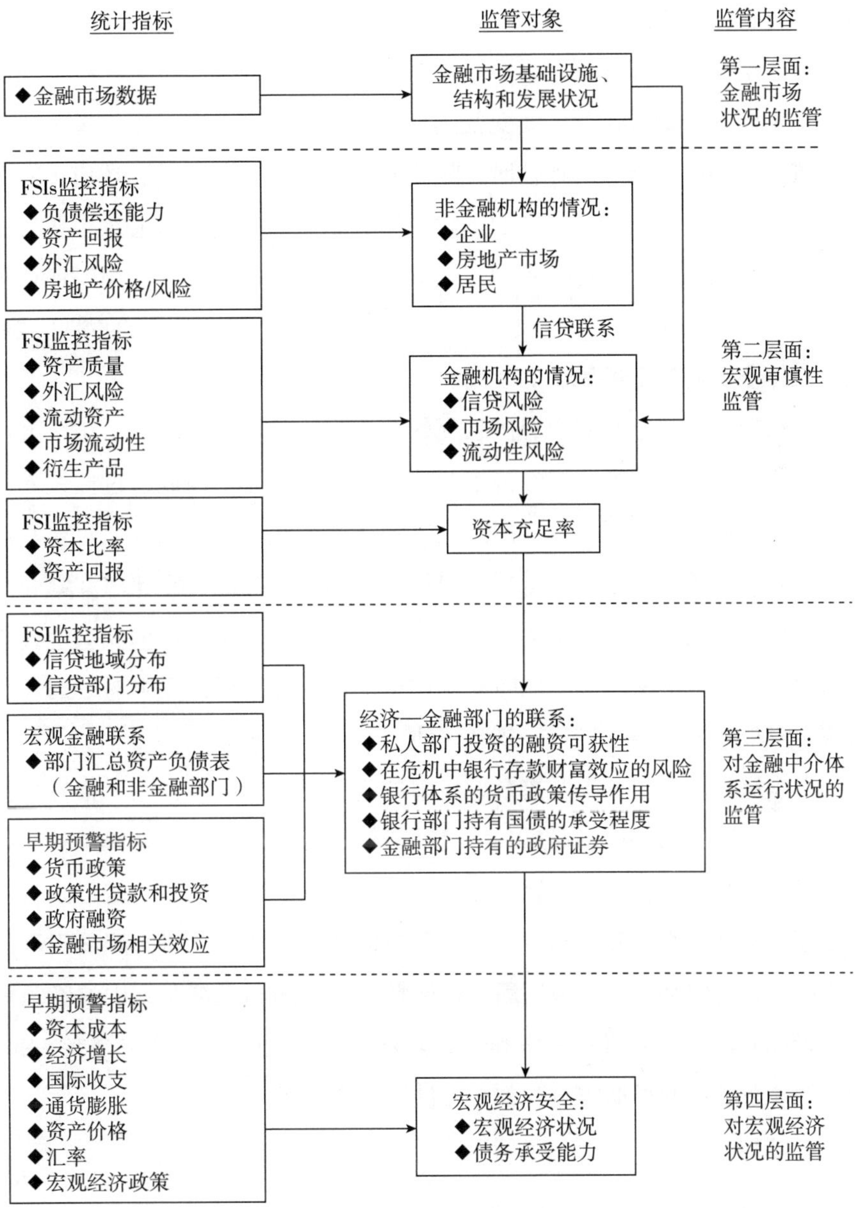

第三章 宏观金融稳健性监测国际规范

```
统计指标                      监管对象                      监管内容

◆金融市场数据  ──→  金融市场基础设施、          第一层面：
                    结构和发展状况              金融市场
                                                状况的监管
─ ─ ─ ─ ─ ─ ─ ─ ─ ─ ─ ─ ─ ─ ─ ─ ─ ─ ─ ─ ─ ─

FSIs监控指标
◆负债偿还能力
◆资产回报       ──→  非金融机构的情况：
◆外汇风险             ◆企业
◆房地产价格/风险       ◆房地产市场
                      ◆居民
FSI监控指标                 │信贷联系
◆资产质量                   ↓
◆外汇风险        ──→  金融机构的情况：         第二层面：
◆流动资产             ◆信贷风险                宏观审慎性
◆市场流动性           ◆市场风险                监管
◆衍生产品             ◆流动性风险

FSI监控指标
◆资本比率       ──→   资本充足率
◆资产回报

FSI监控指标
◆信贷地域分布
◆信贷部门分布   ──→
宏观金融联系           经济—金融部门的联系：
◆部门汇总资产负债表    ◆私人部门投资的融资可获性   第三层面：
 （金融和非金融部门）  ◆在危机中银行存款财富效应的风险 对金融中介体
                       ◆银行体系的货币政策传导作用   系运行状况的
早期预警指标           ◆银行部门持有国债的承受程度   监管
◆货币政策              ◆金融部门持有的政府证券
◆政策性贷款和投资
◆政府融资
◆金融市场相关效应

早期预警指标
◆资本成本
◆经济增长
◆国际收支       ──→  宏观经济安全：           第四层面：
◆通货膨胀             ◆宏观经济状况            对宏观经济
◆资产价格             ◆债务承受能力            状况的监管
◆汇率
◆宏观经济政策
```

图 3-1 FSAP 指标分析框架

面临的各种风险；最后，通过对资本充足率指标的考核来评估银行抵御风险的能力，以此评价银行的稳健性。在考核这些指标的同时，结合金融监管水平和金融机构等其他信息，就可以对整个金融体系面临的金融风险进行综合评估。

第三层面是通过考察金融中介体系对一国经济的影响机制和程度来综合评估不同类型金融风险的演变及其可能产生的后果。在运用宏观审慎性原则进行金融风险的分析评估时，除了 FSIs 中的各项指标外，还应特别关注金融中介体系对企业和经济的影响及其联系机制。例如，通过企业对银行融资的依赖程度、银行体系和金融市场对货币政策的传导作用等评估金融中介对金融风险的传导以及经济、金融政策变化可能造成的不良影响，从金融体制上监控金融风险的发生。

第四层面是通过对宏观经济状况的分析来监控金融风险。由于金融危机的出现常常以一系列宏观经济指标值的恶化为先兆，因此通过监控宏观经济运行指标，如实际汇率、国际收支状况和宏观经济政策等，对宏观经济的运行结果进行考察，并根据历史经验和相关指标的国际比较，结合早期预警模型，判断宏观经济运行是否出现失衡，再结合 FSIs 的相关统计指标就可以综合评估宏观金融风险发生的可能性。在该层面上可对一国发生宏观金融危机的可能性进行分析和评估。

四个层面构成了一个监控金融风险的完整评估体系。其中，指标分析是金融风险监控的基础，通过各项统计指标和综合信息对金融体系状况和宏观经济进行考察；结合早期预警模型，当指标出现异常时，就可以借助于上述分析框架判断和识别潜在金融风险的源头和成因；压力测试则可以作为指标分析的补充，模拟判断在极端情况下金融和经济系统中的脆弱环节。指标分析、早期预警模型和压力测试三大量化分析工具结合在一起，为金融体系危机的早期防范和预警提供了决策依据。

第三节　FSAP 量化分析工具之一：指标分析

FSAP 对金融部门进行评估的第一步就是编制关于金融结构、稳健性和部门发展状况的核心指标，根据功能的不同，分为金融稳健性指标

(FSIs)和金融结构与金融发展指标两套。

一、金融稳健性指标（FSIs）

FSIs 是衡量一国金融机构及对应的公司和居民当前金融健康和稳健程度的指标集合。FSIs 借鉴 CAMELS 和《巴塞尔协议》对金融风险管理的经验，加上独有的宏观视角，从宏观和微观两个层面设计指标体系：一是监测单个经济实体的审慎和商业性衡量框架，二是监测经济总体活动的宏观经济衡量框架。FSIs 包括核心指标集（Core Sets）和鼓励指标集（Encouraged Sets），范围涵盖一国金融性公司（存款机构和其他金融性公司）、非金融性公司和居民部门以及与金融机构关系密切的证券市场和房地产市场。

（一）核心指标集

核心指标集的统计内容是 FSIs 的评估重点。由于存款机构在任何国家的金融体系中都具有核心的地位，因此核心指标集重点监控存款机构（主要是指银行，同时也包括其他以存款来进行贷款及投资的金融机构）。它们为经济中其他部门提供资金和所必需的支付服务，其运行状况会在很大程度上影响其他金融实体和非金融实体的活动，进而影响整个经济体系的运行状况。核心指标集的设计充分借鉴了 CAMELS 的结构，选择了其中容易量化的五个方面来设计指标体系（见表3-2）。

表3-2 FSIs 核心指标集

考察内容	统计指标	作用
资本充足性	监管资本占风险加权资产的比率	资本的广义衡量，包括对其损失保护较少的项目，如次级债务、税收信贷及未实现资本收益
	Ⅰ级监管资本占风险加权资产的比率	质量最高的资本，如股东权益、非分配收益等相对于风险加权资产的比率
	不良贷款扣减准备金占资本的比率	表明相对于资本，可能需要补充准备金的潜在规模

续表

考察内容	统计指标	作用
资产质量	不良贷款占总贷款的比率	表明银行贷款的质量
	贷款部门分布占贷款总额的比率	识别对特定部门贷款集中的暴露
收益和盈利性	资产收益与资本收益	评估相对于资本或贷款和资产的组合,收益冲销损失的范围
	利差占总收入的比率	表明净利息收入的重要性和其吸纳损失的范围
	非利息费用占总收入的比率	在一定程度上表明较高的非利息费用削弱了收益
流动性	流动资产占总资产的比率及流动资产占短期负债的比率	评估整个部门在无法从市场上筹集资金或遇到存款挤提时的波动性
外汇风险暴露	外汇净头寸占资本的比率	衡量外币错配

1. 资本充足性

资本充足率是衡量金融机构稳健与否的重要指标之一。当银行资本过少,无法弥补损失时,就会导致破产风险。因此,资本充足率用来评估发生系统性金融风险时银行体系的抗风险能力。借鉴《巴塞尔协议》中的监管指标,FSIs 设计了三个不同口径的比率指标评估各商业银行的资本充足性。

2. 资产质量

FSIs 通过监督贷款质量来评价银行体系中的风险资产组合。衡量贷款质量的指标有两个,分别用于评价信贷资产的整体质量和信贷资产在各经济部门的分配比率,以此来识别当某一经济部门发展失衡时可能产生的信用风险。以往许多金融危机(包括亚洲金融危机)就是由于某些经济部门的下滑并通过多家金融机构的贷款集中波及金融体系而引发或加剧的。例如,贷款集中于不动产往往就会引发不动产价格周期性地暴涨和暴跌。贷款集中几乎对于任何经济部门,甚至包括初级商品行业和某些出口行业,都是非常危险的。因此,除了总量指标,衡量贷款集中的结构指标也是反映资产质量的重要方面。

3. 收益和盈利性

金融机构的收益和盈利性是否恰当反映了一国金融行业的成长是否健康。若长期不盈利，金融机构有资不抵债的风险；若利润率异乎寻常地高于其他行业，也有可能是巨大风险即将发生的信号。除了反映短期收益的指标（资产收益、资本收益、非利息费用占总收入的比率）以外，FSIs还增加了反映长期收益和盈利性的指标——利差占总收入的比率。利差的大小及其变化表示金融机构是否在一种有利的环境下运行，这一指标是反映有可能成为存在着寡头垄断的金融市场结构的信号。

4. 流动性

原本具备偿债能力的金融机构有可能会因为短期流动性管理不善而缺乏足够的现金偿债能力或者不能满足客户提款需求，从而出现流动性风险甚至被迫关闭。FSIs通过对银行流动性资产结构的分析来评价其流动性风险。其中，流动资产占总资产的比率这一指标被用来衡量全部信贷资产的流动性水平，而流动资产占短期负债的比率这一指标则被用来衡量银行在发生债务危机时的抗风险能力。

5. 外汇风险暴露

银行面临的市场风险主要是外汇风险。FSIs从外汇资产的期限结构方面来考察银行体系在汇率发生变化时面临的风险。大规模的敞口外汇头寸（包括期限错配的外汇头寸）和高度依赖国外借款（尤其是短期借款）有可能成为金融机构对汇率波动和资本突然反向流动呈现高度脆弱性的信号。因此，外汇净头寸占资本的比率这一指标可以反映银行在面临外汇风险时的敏感程度。

（二）鼓励指标集

鼓励指标集都是与分析目的具有高度相关性的数据，并且易于获得。由于各国的金融体系和经济体制存在较大的区别，单靠核心指标集无法全面评估整个金融体系的金融风险，因此，FSIs又设计了鼓励指标集作为补充，推荐成员国自行采用（见表3-3）。

表 3-3　FSIs 鼓励指标集

考察内容	统计指标	作用
企业部门		
杠杆率	总负债占股本的比率	信用风险指标
收益与盈利性	股本收益率	表明收益可以弥补损失的程度
债务偿还能力	收入占利息和本金支出的比率	表明因支付利息和本金,可用来弥补损失的收入所降低的程度
外汇风险	企业外汇净头寸占股本的比率	反映公司部门对汇率变动的脆弱性
	债权人申请破产保护的数量	
资本充足性	资本占资产的比率	从广义上衡量资本充足性,充足的资本是损失的一种缓冲
资产质量	贷款地域分布占总贷款的比率	识别银行体系对特定国家贷款暴露的集中度
	大额暴露占资本的比率	识别对大额借款人的信用暴露
衍生产品风险暴露	金融衍生产品资产头寸占资本比	粗略估计衍生产品的风险暴露
	金融衍生产品负债头寸占资本比	
收益与盈利性	交易收入占总收入的比率	反映对交易收入的依赖性
	员工费用占非利息费用的比率	反映大额非利息费用降低盈利的程度
	参考贷款和存款利率差	反映银行业竞争水平及盈利对利差的依赖性
流动性	同业拆借最高利率和最低利率差	关于同业拆借市场上交易对手风险的市场指标
	客户存款占总存款（不含同业存款）的比率	评估无法吸收客户存款的脆弱性
外汇风险	外币贷款占总贷款的比率	衡量汇率变动对贷款组合的风险
	外币负债占总负债的比率	衡量美元化程度
权益市场风险	股本净头寸占资本的比率	衡量股票价格变动的风险暴露
市场流动性		
流动性	证券市场平均买卖差价	衡量证券市场流动性
	证券市场日平均交易量	
其他金融公司		
规模	其他金融公司资产占金融系统总资产的比率	表明其在金融部门的规模和重要性
	其他金融公司资产占 GDP 的比率	表明其在国民经济中的规模和重要性
居民		
杠杆率	居民债务占 GDP 比率	信用风险指标,高杠杆比率的居民部门更易遭受冲击

第三章　宏观金融稳健性监测国际规范

续表

考察内容	统计指标	作用
居民		
债务偿还能力	居民还本付息额占收入的比率	反映居民偿还债务能力
房地产		
房地产价格	房地产价格	衡量房地产市场发展趋势
房地产风险	住宅房地产贷款占总贷款的比率	衡量银行对住宅房地产贷款风险暴露
	商业房地产贷款占总贷款的比率	衡量银行对商业房地产贷款风险暴露
未作为金融稳健性鼓励指标集总正式部分的其他相关指标		

1. 企业部门

企业融资状况是整个国民经济正常运转的基础，直接影响到金融机构的经营状况和金融风险的产生。鼓励集指标中通过企业的总负债占股本的比率这一指标来考察其杠杆率；通过股本收益率、收入占利息和本金支出的比率两个指标来考察企业的盈利能力；通过企业外汇净头寸占股本的比率这一指标来考察企业面临的外汇风险。

2. 债权人申请破产保护的数量

鼓励集指标通过债权人申请破产保护的数量来考察全社会的信用状况和经济失衡程度。从8个方面对银行部门的经营状况和风险情况进行监测：一是对资本实力的考察（资本占资产的比率）；二是对信贷资产分布状况和质量的考察（贷款地域分布占总贷款的比率、大额暴露占资本的比率）；三是对金融衍生资产状况的考察（金融衍生产品资产头寸占资本的比率、金融衍生产品负债头寸占资本的比率）；四是对经营性收支状况及管理成本的考察（交易收入占总收入的比率、员工费用占非利息费用的比率）；五是对银行盈利情况和同业拆借市场竞争能力的考察（参考贷款和存款利率差、同业拆借最高利率和最低利率差）；六是对流动性风险的考察（客户存款占总存款的比率）；七是对外汇信贷资产风险的考察（外币贷款占总贷款的比率、外币负债占总负债的比率）；八是对权益市场风险的考察（股本净头寸占资本的比率）。这些指标能直接考察金融体系信贷资产的质量和金融体系面临的风险,以及汇率发生变化时所遭受的间接风险。由于金融体系信贷资产质量的恶化常常是由企业经济效益的下降所引起的,因此这些指标结合企业部门的鼓励指标,也可作为金融风险的预测指标对金融状况进行分析。

3. 市场流动性

证券市场上的过度投机可能会产生资本市场的投资泡沫。鼓励指标集选择证券市场平均买卖差价和证券市场日平均交易量两个指标来监测证券市场的交易波动状况和投机性,以此监控证券市场上过度投机导致的金融风险。

4. 其他金融公司

鼓励集指标通过"其他金融公司资产占金融系统总资产的比率"和"其他金融公司资产占 GDP 的比率"两个指标监测其他金融公司的资产实力、在金融体系中的规模,以及对整个金融体系和国民经济的影响。

5. 居民

居民的负债比率过高,往往会孕育潜在的金融风险。最典型的就是过度借贷消费,这也是 2008 年金融危机过后国际社会对美国批评比较集中的方面。对"居民债务占 GDP 的比率"和"居民还本付息额占收入的比率"两个指标的关注,有助于从早期防范金融体系信贷资产质量的恶化,防止经济体系中的信用失衡和信用风险,规避系统性金融风险。

6. 房地产

在 2008 年金融危机中,房地产泡沫的破裂成为了导火索。在鼓励集指标中,通过"房地产价格""住宅房地产贷款占总贷款的比率"和"商业房地产贷款占总贷款的比率"三项指标,监控房地产市场的整体情况以及房地产市场的平衡发展程度,监测房地产市场信贷资产的规模,防范房地产市场的过热和畸形发展,预防泡沫型金融风险。

二、金融结构与金融发展指标

金融结构指标包括金融体系的规模、广度和构成等系统性指标,竞争、集中度、效率和金融服务的可获得性等具有关键性质的特征指标，以及金融服务范围、覆盖面和地域的衡量指标（见表3-4）。

表3-4　FSAP金融结构与金融发展指标

考察内容		统计指标
系统性指标		
规模		金融资产价值总额占GDP比率
金融深度		广义货币（M2）占GDP比率
		私营部门贷款（DCP）占GDP比率
结构		金融子部门金融机构资产占金融体系总资产比率
		不同市场金融工具价值占金融体系总资产比率
金融体系的广度		
金融多样化的总体指标	按金融资产分类	各类金融资产占资本市场工具总量
金融发展的部门性指标	银行	银行总数 分支机构及营业场所数量 每千人拥有分支机构的数量 银行存款占GDP比率 银行资产占金融总资产比率 银行资产占CDP比率
	保险	保险公司总数 保费总收入占GDP比率 寿险保费总收入占GDP比率 非寿险保费总收入占GDP比率
	养老金	养老金计划的类型 养老金覆盖的劳动力百分比 养老金资产占GDP比率 养老金资产占金融总资产比率
	抵押	按揭资产占金融总资产比率 按揭债务存量占GDP比率
	租赁	租赁资产占国内总投资比率
	货币市场	货币市场工具的类型和金额 新发行量余额增长率 货币市场工具日（周）交易量及交易额

续表

考察内容		统计指标
金融体系的广度		
金融多样化的总体指标	按金融资产分类	各类金融资产占资本市场工具总量
金融发展的部门性指标	外汇市场	外汇日交易量和交易额 外汇充足性
	资本市场	上市证券（债权及股票）数量 居民、企业、银行和非银行金融机构持有的证券份额 （债权及股票）新发行数量和金额 股本市值占 GDP 比率 交易额占股本市值比率 衍生产品市场的规模
	集合投资基金	计划的类型和数量（单一型或组合型） 总资产及增长率（名义及占 GDP 比率） 投资者数量及各投资者的平均余额 共同基金总资产中居民、企业、银行及其他金融机构份额
竞争、集中度与效率		
竞争与集中		机构总数 利差和金融服务价格 金融中介集中率（最大 3 家或 5 家机构的市场份额） 金融市场集中率（最大的金融工具市场份额，即占金融总资产比率） 赫尔芬达尔指数
效率		利差 金融中介成本（占金融总资产的百分比）
流动性		交易额占股本市值比率 平均买卖价差
金融服务的范围与覆盖面		
储蓄业务		银行存款占 GDP 比率 开立银行账户人数占总人口比率
信贷配置		私营部门银行贷款占 GDP 比率 各部门贷款占银行总存款比率
支付		各种支付工具进行支付的比率 支票清算天数 结算贷款的规模 ……

续表

考察内容	统计指标	
	金融服务的范围与覆盖面	
降低风险	保险（人寿、非人寿）	保费总收入占GDP比率
	衍生产品	衍生产品结构比率
提供流动性	二级市场金融产品期限转换	

三、金融与非金融部门汇总资产负债表

金融与非金融部门汇总资产负债表主要用于宏观金融联系分析。由于不同非金融部门通过各种方式依赖金融部门的中介来开展业务，对国家的部门性资产负债表（金融企业、非金融企业、居民、政府及这些部门的子部门等）和汇总资产负债表（国家）存量数据进行分析，有助于突出部门间的联系，也可以补充财务结构数据信息，关注潜在的金融不稳定因素。

金融与非金融部门资产负债表主要用于分析以下几个方面：一是分析金融部门与实体经济部门（企业、居民、政府等）之间的关系。将某一部门对其他部门债权和负债进行分类，可以反映金融服务的可获得性和部门之间联系的程度（储蓄工具、信贷中介、风险分散和保险等），并且部门之间的这种联系还间接强调了一个部门发生的冲击对其他部门造成的潜在影响。此外，根据期限、币种、负债的性质和资产质量对资产负债表数据进行分类，可以分析一个部门资产负债表的失衡如何引发一个部门或多个部门金融资产需求的变化，甚至可能引发金融不稳定。二是分析某一部门资产负债表的稳定性和负债的可持续性。若某一部门资产负债表显示出恶化的信息，会导致对该部门稳定性信心的丧失，并进一步导致资本账户危机。资产负债表中的错配信息是造成不利冲击的负面影响的主要原因。例如，货币错配（本币资产超过外币负债）、期限错配（长期非流动资产超过短期流动负债）、公司资本结构错配（债务超过自有资本和股权负债），都会导致偿还债务负担的不可持续性，从而导致流动性风险。三是分析资产和负债存量的决定因素及其演变趋势。四是对存量变量的可能性冲击。后两点均可引发资金流量的大规模变动，如跨境资本流动、持有的本国或外国货币资产的变动等。

宏观金融稳健性监测与管理系统的构建与应用

第四节 FSAP量化分析工具之二：压力测试

压力测试是金融部门评估规划中评判金融体系稳定性的重要工具。压力测试与银行日常风险管理中的测试方法不同，偏重于宏观经济压力情景，是更广范围内对一国金融体系稳健性的评估，有助于IMF和监管部门更好地了解金融体系的脆弱性，关注破坏金融系统稳定性的主要因素。与一般性压力测试不同，FSAP压力测试中监管部门起主导作用，即系统性压力测试。压力测试要完成的工作依序包括：①情景设置，如何选择适合本国环境和情形的情景；②情景分析模型化，如何评估选定情景对经济的影响，并将情景映射到主要经济变量上；③模型结果的分析，如何将宏观经济变量反映为银行的收益、损失以及偿付能力的变化。

监管部门需要对全球及本国既往宏观经济环境进行分析，确定压力测试需考虑的极端事件，如房地产价格急剧下降、经济增长停滞、海外投资者信心丧失等导致经济衰退的事件，并把这些事件组成单变量或多变量情景。一般情况下，情景应设定在发生概率很小但仍然合理的范畴，压力情景应考虑到即使损失大于某一设定金额的可能性很小但可能引发系统性风险的情况。为此，监管部门应事先了解、度量各种模拟损失发生后的传染效应。通常情况下，IMF会要求接受FSAP的国家接受一些标准压力情景，各国监管部门也可根据本国金融市场实际和特点有针对性地设定极端情景，最终的FSAP压力测试情景应由IMF和各国监管部门共同确定。目前被广泛采用的经典情景大约可分为三类：外部冲击触发房地产市场价格暴跌；负的财富效应对消费支出的向下拉动作用，使经济扩张突然终结；全球经济的直接或间接影响，包括海外投资者对本国银行失去信心、汇率急剧下跌、资本账户下债务骤然增加等。

情景设定、持续完善和对宏观经济走势的准确判断非常重要。首先，历史极端事件方法假定历史事件会以与从前一样的方式重演，这虽然符合逻辑，但只能提供少数市场波动情景，不能满足多样化压力测试的需要。同时，使用这种方法只能映射整个潜在市场波动中很小的一部分，并不能提供全景，因此在实际测试中会更多采用假设法。其次，监管部门选定情景时应具备前瞻性，因为宏观经济形势总在变化之中，下一次危机与历史上的任何一次危机相同的概率很低。再次，在完善情景时，监管部门应积极主动，不能把工作留给基金组织成员。事实证明，准备越充分，测试效果越好。最后，应充分借鉴本国宏观经济分析部门和金融稳定部门的研究成果。

将历史或设定情景转变为可输入模型的主要风险因素是监管部门面临的另一个挑战。目前通行做法是将经济衰退、全球经济失衡等情景转变为实体经济企业破产率变化，然后估计对主要风险因素（包括GDP增速、通胀率和利率等）的影响，以及这些风险因素的变化幅度和时间如何改变单家银行机构的信用风险、市场风险和流动性风险等本国银行体系面临的主要风险，估算银行在第一轮冲击下可能遭受的损失。完善的压力测试还应该考虑金融机构行为对实体经济的继续作用，分析金融机构亲周期行为对经济的影响，然后进一步测算单家银行在来自实体经济的第二、第三轮冲击下可能的违约率。主要风险因素的压力程度可设置为跨周期时间段中相关变量最大年度变动值的2~3倍。

压力测试过程中监管部门还需考虑模型运用和选择问题。开展压力测试可选用"自上而下"或"自下而上"的分析方法，两种方法各有利弊。"自上而下"法估计系统的违约损失，容易获取更多的历史数据，利于假设的持续使用，便于在不同机构中贯彻，但该方法的假设无法反映银行管理实践，限制了不同业务部门的灵活性，银行各级部门对情景的理解难度也较大，需要对模型的局限性有充分认识。"自下而上"法通过银行自身的模型来估计收益和违约损失情况，这些模型更契合商业银行的资产组合特点和管理能力，模型结果的经济含义也更为合理，但是由于银行内部模型所使用的主要风险参数、模型方法论存在差异，监管部门汇总结果难度增大，需要防止信息丢失和扭曲。即便如此，多数监管当局认为，"自下而上"法有其不可替代的优点：银行可采用自己的风险模型，在统计分析的基础上将管理实践和专家经验融入汇总结果,而由此产生的大量银行内部信息往往对诊断风险更具针对性。在近期开展的 FSAP 中,一些国家监管部门同时采用"自上而下"法和"自下而上"法来进行压力测试。

将情景模型化之后,监管部门与银行需测试既定情景下外部冲击对各银行利润、资产组合、风险承受力和破产概率的影响,继而对其偿付能力带来的变化。在估计银行利润变化时,主要分析对净利息收入、坏账损失等产生的影响。就坏账损失而言,可对商业贷款和抵押贷款违约率变化等做进一步分析。

FSAP 往往有助于推动一国监管部门建立压力测试工作框架,并持续开展不同程度的压力测试,如设定一个衰退程度更深的世界经济环境,评估银行在不同情景下利润、信贷资产组合以及风险承受能力的变化等。这为银行和监管部门应对未来可能发生的经济环境的不利变化提供了更多应对措施。

第五节 FSAP 量化分析工具之三: 早期预警模型 EWSs

早期预警模型(EWSs)的目标是对可能给金融体系带来极大冲击的可能性进行前瞻性评估。由于各个国家的国民经济及金融体系规模和结构大相径庭,无法统一推荐采用一个能够有效对所有国家危机都起到预警作用的指标和模型,因此 FSAP 只是推荐采用早期预警模型作为数量分析工具,但并未对模型的具体形式进行规定。各国可以根据本国经验和历史数据自行开发本国的 EWSs 模型。

IMF 致力于开发适用于新兴市场经济的 EWSs 模型,包括指标法(Kaminsky, Lizondo & Reinhart, 1998; Kaminsky, 1999)、有限因变量概率对数模型(Berg & Pattillo, 1999)等。FSAP 中介绍了几种 EWSs 模型供参考,包括发展中国家研究部的模型和 Kaminsky、Lizondo、Reinhart 的修正模型,这两个模型都使用了货币危机的宏观指标(IMF, 2002b);以市场为基础的模型主要就是依靠隐含的违约概率和基于资产负债表的脆弱性指标（Gapen, 2004）展开分析。除了 FSAP 介绍的几种，各国也各自开发了本国的 EWSs 模型，如美联储（Kaminsky, Schindler & Samuel, 2001）、欧洲中央银行（Bussiere & Fratzscher, 2002）、德意志联邦银行（Schnatz, 1998）等。还有一些机构也研发了一系列 EWSs 模型，如高盛公司的高盛观察（Ades, Masih & Tenengauzer, 1998）、瑞士信贷第一波士顿（CSFB）的新兴市场风险指标（EMRI & Roy, 2001）、德意志银行的"警钟"（Garber, Lumsdaine & Longato, 2001）、穆迪的宏观风险模型（Gray, Merton & Bodie, 2003）等。

不管哪一种 EWSs 模型，实质上都是为了研究引发金融危机的各种因素。表 3-5 列举了 FSAP 推荐的部分对金融机构有重大影响的宏观经济指标，通常情况下，这些指标的异常会诱发资本流向逆转和货币危机的经济脆弱性，但影响程度受各国制度和金融市场完善程度的制约。EWSs 模型按统计的最优方式（将"虚假警报"和未预测到的危机次数降至最少）将许多指标合并成单一的危机风险的衡量值，虽然不能保证预测完全准确，但它提供了一种预测危机的系统性方法。

表 3-5　部分 FSAP 宏观经济早期预警指标

考察内容	统计指标
经济增长	总增长率
	行业萧条
国际收支	经常账户赤字
	外汇储备充足性
	外债（包括期限结构）
	贸易条件
	资本流动结构和期限
通货膨胀	通货膨胀率波动
利率和汇率	利率和汇率的波动
	国内实际利率水平
	汇率的可持续性
	汇率担保

续表

考察内容	统计指标
贷款剧增和资产价格暴涨	贷款剧增
	资产价格暴涨
蔓延效应	贸易外溢效应
	金融市场相关效应
其他因素	指令性贷款和投资
	银行业对政府提供资金
	经济中的拖欠

FSAP 涵盖了三类主要危机：货币危机（汇率突然和大幅贬值，以及外汇储备损失）、债务危机（外债违约或重组）和银行业危机（银行存款挤兑和金融机构大规模倒闭）。根据危机模型所考虑的决定因素，可以将 EWSs 的发展分为三个阶段：第一代危机模型侧重宏观经济失衡（Krugman，1979）；第二代危机模型侧重自我形成的投机性攻击、危机连锁反应和国内金融市场的缺陷（Obstfeld，1996）；第三代危机模型引入了道德风险的作用，将道德风险视为引发过度借款的原因，并指出资产价格是一种有用的危机先导指标（Chang & Velasco，2001）。

遗憾的是，EWSs 模型应用在金融危机的样本国家时，并非总能取得令人满意的结论，整体来看，EWSs 方面的研究尚有比较大的发展空间。

第四章
宏观金融稳健性监测的数据基础：FSAM

第一节 FSAM 的框架设计

一、SAM 概述

法国经济学家瓦尔拉斯（Walras）在其名作《纯粹经济学要义》（*The mere economics to iustice*）中提出了一般均衡理论。所谓经济系统均衡的存在，是指经济系统中各种经济变量在一定条件下，其相互作用达到相对静止的状态。他认为，如果经济系统满足一定假设，经济系统的均衡就存在，假设如下：

假设一：所有市场参与者，掌握市场的完全信息；

假设二：经济参与者不会因为市场中的不确定因素而储蓄货币，以预防不测；

假设三：市场交易是公平的，所有的交易都是以市场价格进行；

假设四：经济系统足够庞大，有足够多的市场参与者，使得市场不满足"无剩余条件"。

瓦尔拉斯在提出一般均衡理论时,并没有对该理论进行严格的证明,直到后来拓扑学中的不动点理论的发展,1954年经济学家德布鲁(Gerard Debreu)和肯尼思·约瑟夫·阿罗(Kenneth Joseph Arrow)(两位与内尔·麦肯齐(Lionel Mckenzie)被誉为一般均衡理论的三位创始人)使用极值映射、凸性和不动点理论等数学理论严格证明了在非寡头垄断的竞争市场下,一般均衡的存在性。同年,麦肯齐运用角谷静夫(S. Kakutani)不动点定理证明了在一个特定条件下均衡的存在性和唯一性,并在1959年用布劳威尔(Brouwer)不动点定理证明了在更一般条件下的均衡存在性。后来,一些学者继续将一般均衡理论进行扩展,如法国经济学家格朗蒙(Grandmont)和巴廷金(D. Patinkin)。

在一般均衡的理论假设前提下,涌现出了一批基于一般均衡理论的数量分析方法,包括投入产出法(IO)、可计算一般均衡模型(CGE),以及社会核算矩阵(SAM)等。这些模型的前提假设就是,一个经济体系就是一个经济系统,其中包含了众多的经济主体和经济变量对系统起着相应的作用。对于这样的一个经济系统,其复杂程度远远高于一般科学研究中的系统,因为系统中的变量数量及其作用大小和方向几乎不可能用有限的变量所刻画,这使得一般的系统科学的方法(如运筹学)不能有效地反映一个经济体的运行规律。

随着国民经济统计核算和会计核算的发展,产生了各种描述经济运行的会计核算工具和统计核算工具,包括一般企业使用的会计核算表、政府为管理国民经济编制的统计数据库[最典型和常用的是1960年联合国公布的《国民经济核算体系》(System of National Accounts,SNA)]。

20世纪60年代,英国经济学家理查德·斯通(Richard Stone,1984年诺贝尔经济学奖得主)主持"剑桥增长计划"项目时提出社会核算矩阵。20世纪60年代,欧洲大陆经济迅速崛起,而英国经济增长率相对逊色,刺激英国经济增长成为英国经济学学者的关注课题。"剑桥增长计划"就是在这一背景下进行的,该项目由剑桥大学经济系参与,斯通主持。在

第四章 宏观金融稳健性监测的数据基础：FSAM

该项目中，斯通使用了国民经济账户的分类，而不是以投入和产出的范畴分类。该项目试图寻找刺激英国经济增长的政策途径，后来经实践证明，这一方法是可行的、稳定的，其中 SAM 表就是其中之一的创举。社会核算矩阵（Social Accounting Matrix，SAM）是目前常用的组织宏观核算数据的工具之一。它建立在投入产出核算的基础上，以矩阵的形式提供了一个框架将分析者所需数据组织起来，从而把分析中出现的各行为主体的收支关系一致、完整地组织在一起，给资料的使用者提供了一致的信息。社会核算矩阵在投入产出表的基础上增加了非生产性部门（机构账户），如居民、政府、世界其他地区，以二维表的形式全面反映了整个经济活动的收入流和支出流，不仅能反映生产部门之间的联系，还能反映生产部门与非生产部门、非生产部门和非生产部门之间的联系。可以说，SAM 是包含在一个时期内某个经济已经发生的与各种交易相关的资源流量信息的广泛的、经济范围的数据库，可以被看作是定量描述经济循环流量和模拟这种流量的任何变化导致的结果的工具，反映了一个国家各个不同账户部门之间的经济关系核算表。社会核算矩阵中描绘了生产过程、收入的来源与不同机构的收入再分配，以及这些机构使用收入的几个途径，因此 SAM 是一个国家或地区的社会经济状况全貌的"快照"。

国内有众多学者尝试了 SAM 的编制和理论研究工作。比较早的有周赤非和邓述慧，他们在首次建立中国可计算一般均衡模型时，构建了一个中国金融社会核算矩阵的框架。还有多位学者编制了地区的社会核算矩阵，如段志刚、冯珊、岳超源（2003）编制了北京市社会核算矩阵，李子江（2004）编制了广东经济社会核算矩阵，郑俪璇和齐欢（2005）编制了云南省社会核算矩阵等。也有些学者针对不同的研究问题，编制了不同功能的社会核算矩阵，主要用于对税收、保险、环境、高新技术投入和收入分配等的研究。

传统的 SAM 通常由实体部门构成，遵循传统 Walras 一般均衡理论体系对货币的中性假定，所有交易即时完成，不考虑金融部门在资金融通过程中发挥的作用。但随着金融体系的蓬勃发展，传统的 SAM 面临的一个挑战就是要将金融部门所起的作用刻画进来。

二、SAM 结构

联合国的《国民经济核算体系（1993SNA）》中把 SAM 定义为以矩阵形式表示的 SNA 账户。它是一套连接所有经济交易（生产、收入分配、流通、消费、储蓄和投资），对生产活动、生产要素及社会经济组织进行分解和分类完整的体系，刻画了一个经济体系内部有关生产、要素收入分配、住户收入分配和支出的相互依存的循环关系。

国民经济核算可以将账户形式转为矩阵形式表示，在矩阵中，每个账户由一行和一列共同构成，遵循行是收入、列是支出的约定。复式记账的原则在矩阵中仍然是核算的基本原则，但是一笔交易不需要在两个交易主体的账户中分别登录，而是被登录在行与列的交叉处，在横行中它是一个账户的资源，在纵列中它是另一个账户的使用。SAM 是用矩阵表示的一套 SNA 账户，根据惯例，行表示收入，列表示支出，行账户和列账户的顺序相同。从形式上看，SAM 是一个矩阵，行的每一个名称和列的每一个名称都代表一个账户。如果行和列的名称相同，则都代表同一组账户。矩阵中的非零元素即代表各账户间的交易。对于每一个账户，其行合计必须和列合计相等，即账户的收入流之和等于账户的支出流之和。一般来说，账户体现了三种含义：①生产的总投入等于生产的总产出；②各机构账户（经济主体）的总收入等于总支出；③商品的总供给等于商品的总需求（Robinson et al.，1990）。可表示如下：

$T = \{t_{ij}\}$ $(i=1, \cdots, n; j=1, \cdots, n)$

其中，n 代表 SAM 的账户数目；t_{ij} 表示从账户 j 支出到账户 i 的交易值。

目前比较常见的构成 SAM 的账户有五类：生产活动账户；商品账户；要素账户；机构部门账户；积累账户（或最终使用账户）。其中每一类账户都可以根据需要分成若干个账户，这是 SAM 核算的灵活性所在，可根据不同需要进行细化。不同的细化水平 SAM 可以用来表示宏观和中观的经济活动。表4-1即为一个简单的宏观SAM矩阵。

表4-1 一个简单的宏观SAM矩阵

		1 活动	2 商品	3 要素	4 机构	5 最终使用	合计
1	活动		总产出				总收入
2	商品	中间产品				最终产品	商品总需求
3	要素	增加值					要素收入
4	机构			增加值			部门收入
5	最终使用				最终产品		最终需求
	合计	总投入	商品总供给	要素分配	收入使用	最终使用	

对于这张SAM简单说明如下：①活动账户，列方向反映产业活动需要中间产品投入及要素投入，即为总投入；行方向反映产业活动的总收入是源于商品销售收入，即为商品的总产出。②商品账户，列方向反映商品的总供给来源于产业活动；行方向反映商品账户的总需求来源于产业活动的中间需要和产品最终使用。③要素账户，列方向反映要素收入分配给机构部门，即为要素分配；行方向反映要素收入为产业活动的增加值，即为要素收入。④机构账户，列方向反映机构部门消费的最终产品，即为收入使用；行方向反映机构部门的收入源于要素收入。⑤最终使用账户，列方向反映最终使用消耗的商品，即最终产品供给或使用；行方向反映最终使用来自于机构部门的最终需求或称消费。

通过上述宏观SAM可以得到宏观经济中一系列重要的平衡关系：

总投入=总产出=中间投入+增加值

总需求=总供给=中间消耗+最终产品

要素收入=要素分配=增加值

机构收入=收入使用=增加值

最终使用=最终需求=增加值

三、FSAM 的结构设计

本章试图遵循 SAM 原理引入金融部门，设计及编制金融社会核算矩阵（FSAM），刻画金融部门的运行，探索货币与金融统计核算数据与 FSAM 的衔接，并在 FSAM 的基础上进行情景模拟与测试。

表 4-1 中，对经济系统中各账户的分类是粗糙的，而且没有设置国外账户，不能体现国内外之间的要素往来，是封闭经济下的一个简单的 SAM 表；通常不会区分金融机构（中央银行、商业银行等）与非金融机构，不能体现金融机构的作用。为记录更详细的机构部门数据来刻画社会经济体系的金融特性与运行机制，在设计 FSAM 时区分金融机构和其他机构部门，并且为每一个部门均设置经常账户和资产账户是十分必要的。为解决这一问题，在瓦尔拉斯实体 SAM 的基础上，扩展并设计 FSAM。本章所设计的 FSAM 试图描绘如图 4-1 所示的经济流量关系。

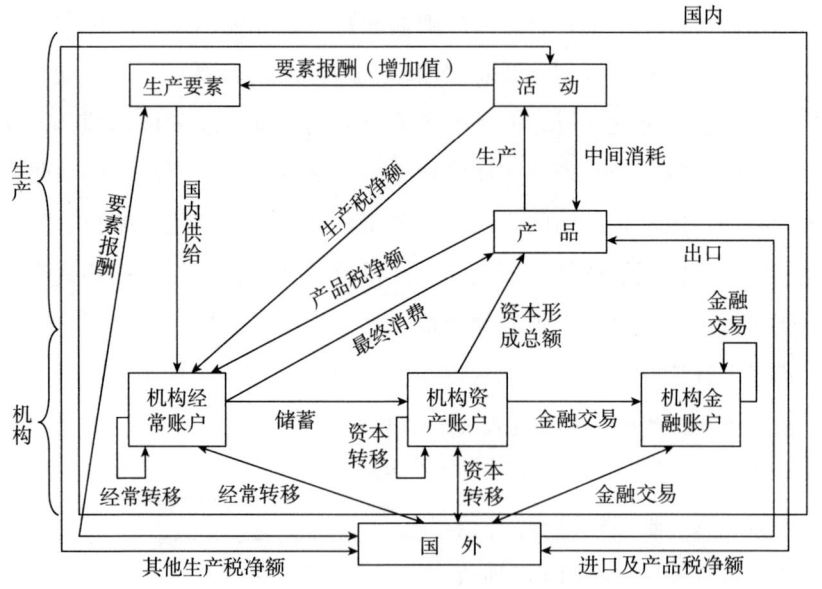

图 4-1　FSAM 中经济流量关系

注：图内所示箭头表示资金流动方向。

具体来说，FSAM 中每一个机构部门的交易行为都将由两类账户来刻画：简单的实体 SAM 下的经常账户和资产账户；专门的金融资产账户详细记录了经济体各部门的资产来源和使用的性质及结构。金融工具账户描述如何把资金余额在各种金融资产之间分配，如何利用各种金融工具对短缺的资金进行融资。

标准的宏观 SAM 通常由活动账户、商品账户、要素账户、机构经常账户、资本账户等组成方阵，根据研究问题，可以对其中的账户进行细化扩展。由实体 SAM 扩展到金融 SAM，需要将机构中的金融机构及其经常交易分列出来；将资本账户分列出金融机构的机构部门进行细化，即形成机构资本账户；加入金融工具账户，使其与机构资本账户联系起来。专门的金融资产账户详细记录了经济体各部门的资产来源和使用的性质及结构。金融工具账户描述如何把资金余额在各种金融资产之间分配，如何利用各种金融工具对短缺的资金进行融资。以上的进一步细化机构账户，分为机构经常账户和机构资本账户两个机构账户大类。两大类机构账户中，又细分为住户、非金融企业、政府、中央银行、其他金融机构和国外。同时，金融账户还刻画了部门间金融资产的流动（金融交易），形成了 FSAM。描述性账户结构和 FSAM 框架分别如表 4-2、表 4-3 所示。

四、FSAM 一般均衡框架下的情景模拟

经济效应的情景模拟研究通常需要经济变量能够保持或者近似保持先前的"历史状态"。即首先给定一个研究经济效应的模型，该模型需要经济系统在目标研究时期满足模型的一些假定。用 FSAM 研究经济效应也需要假定经济系统保持一定的平稳状态。通常来讲，经济系统短时期内内部各变量之间的关系不会出现剧烈变化。然而，对于社会经济系统，变化是绝对的，不变是相对的。如果经济系统中各变量的变化和变量之间的结构变化是微小的，不影响模型的稳健性，那么对经济效应的研究是有效的，但如果经济系统的变化超出了一定的范围，将严重影响模型的实际应用效果。

表 4-2 金融社会核算矩阵 (FSAM) 描述性账户结构

		A1	A2	B	C	D1	D2	D3	D4	D5	D6	E1	E2	E3	E4	E5	E6	F1	F2	F3	F4	F5	F6	F7	F8	F9	合计
要素	劳动力 (A1)			PW																							TW
	资本 (A2)			PRK							PWR																TRK
活动 (B)					D						PRKR																VO
商品 (C)				CI		FC		GF			EX																VX
机构经常账户	居民 (D1)	W	RKM				DIV	TGM		IDP	VRM	BIM	BIE	BIG		BIR											YM
	非金融企业 (D2)		RKE																								YE
	政府 (D3)		RKG		II	TM	IDE	TGE		IBG	TRG																YG
	中央银行 (D4)									IR																	RBC
	其他金融机构 (D5)		RKB			IM	IC	IG	IBBC	IBB																	RB
	国外 (D6)	WR	RKR		M	VER	ICE																				RR

第四章 宏观金融稳健性监测的数据基础：FSAM

续表

	A1	A2	B	C	D1	D2	D3	D4	D5	D6	E1	E2	E3	E4	E5	E6	F1	F2	F3	F4	F5	F6	F7	F8	F9	合计
居民(E1)					SM																					SM
非金融企业(E2)						SE													CD	CEE						BIE
政府(E3)							SG	SBC												CEG						BIG
机构资本账户 中央银行(E4)									SB									DEP			RES		AVT			VABC
其他金融机构(E5)										BC												REF				VAB
国外(E6)											ME													RC	F	VAR
金融账户 通货(F1)											ME															ME
存款(F2)											DEP															DEP

续表

	A1	A2	B	C	D1	D2	D3	D4	D5	D6	E1	E2	E3	E4	E5	E6	F1	F2	F3	F4	F5	F6	F7	F8	F9	合计
金融账户	国内信贷(F3)														CD											CD
	国外信贷(F4)															EXT										EXT
	准备金(F5)													RES												RES
	财政借款(F6)													REF												REF
	其他(F7)													AVT												AVT
	国际储备资产(F8)													RC												RC
	国外资产(F9)																								F	F
合计	TW	TRK	VO	VX	YM	YE	YG	RBC	RB	RR	SM	BIE	BIG	VABC	VAB	VAR	ME	DEP	CD	EXT	RES	REF	AVT	RC	F	

第四章 宏观金融稳健性监测的数据基础：FSAM

表 4-3　金融社会核算矩阵（FSAM）框架

支出＼收入	要素	活动	商品	机构经常账户 住户	机构经常账户 企业	机构经常账户 政府	机构经常账户 金融机构	机构经常账户 世界其他	机构资本账户 住户	机构资本账户 企业	机构资本账户 政府	机构资本账户 金融机构	机构资本账户 世界其他	金融账户	总和
要素		增加值						来自世界其他的收入							要素收入
活动			国内总产出												总产出
商品		中间投入		最终消费	转移支付、利润分成、证券收入	政府消费		出口	资本形成总额	资本形成总额	资本形成总额	资本形成总额			总需求
机构的经常账户 住户	要素收入				转移支付、利润分成、证券收入	转移支付、国债利息	住户贷款利息收入	转移支付							住户收入
机构的经常账户 企业	要素收入						企业贷款利息收入	转移支付							企业收入
机构的经常账户 政府	要素收入	生产者净税	关税	个人所得税	企业所得税、经常税		政府贷款利息、税收	转移支付							政府收入
机构的经常账户 金融机构	要素收入			贷款利息	贷款利息	贷款利息		外汇存款利息						金融交易	金融机构收入

续表

收入\支出	要素	活动	商品	机构经常账户					机构资本账户					金融账户	总和
				住户	企业	政府	金融机构	世界其他	住户	企业	政府	金融机构	世界其他		
要素支出		要素成本													
商品								进口							总供给
机构的经常账户 住户															
企业															
政府															
金融机构				储蓄	储蓄	储蓄									
世界其他			进口		贷款利息	转移支付,外汇贷款利息	存、贷款利息								国外交易流出
机构的资本账户 住户				储蓄											住户负债
企业					储蓄										企业负债
政府						储蓄									政府负债
金融机构								资本流入							金融机构负债
世界其他															世界其他负债
金融账户									金融资产	金融资产	金融资产	金融资产	金融资产		金融资产供给
总和		总成本	总供给	住户支出	企业支出	政府支出	金融机构支出	国外交易流入	住户总资产	企业总资产	政府总资产	金融机构资产	世界其他资产	金融资产供给	

第四章 宏观金融稳健性监测的数据基础：FSAM

一般以 SAM 为工具的研究都假定了经济系统均衡的存在性，这符合一般的经济学常识，因为在相对较短的时期内，经济系统通常不会发生巨大的结构性突变。社会核算矩阵以经济交往数据来反映经济系统中各经济账户之间的经济活动关系，对经济账户之间的交往结构是以账户之间的交往总量关系来刻画的，不规定各账户之间以某种固定的方式进行交往，这增加了利用社会核算矩阵来研究非短期冲击效果的稳健性。

第二节　FSAM 的编制与平衡

一、FSAM 与 MFS 数据的衔接

FSAM 编制所需数据主要来源于 SNA、投入产出表和 MFS。本节主要讨论 FSAM 与 MFS 的数据衔接，且以第三层次资金流量表（取自《中国统计年鉴》）为例进行讨论。

（一）机构部门划分（见表 4-4）

表 4-4　FSAM 与 MFS 的衔接：机构部门划分

MFS			FSAM
金融公司	存款性公司	中央银行	中央银行
		其他存款公司	其他金融机构
	其他金融公司	其他金融中介	
		保险技术准备金和养老金	
		金融附属机构	
	公共金融公司		
一般政府		中央政府	政府
		州和地方政府	
		社会保险金	

续表

MFS		FSAM
非金融公司	公共的非金融公司	非金融企业
	私人非金融公司	
为住户服务非营利机构		
居民		居民
国外		国外

（二）金融资产划分（见表4-5）

表4-5 FSAM与MFS的衔接：金融资产划分

MFS		FSAM
通货和存款	银行钞票和铸币	通货
	银行存款	存款
	非银行金融机构存款	
	中央政府存款	
	地方政府存款	
	社会保险金存款	
	公共的非金融公司存款	
	其他非金融公司存款	
	其他居民存款	
	外币钞票和铸币	
	来自非常住单位的存款	
贷款	中央银行贷款	国内信贷
	金融公司对存款公司以外的银行贷款	
	金融公司对非金融机构的贷款	
	金融公司对中央政府的贷款	
	金融公司对州和地方政府的贷款	
	金融公司对公共非金融公司贷款	
	金融公司对其他非金融公司贷款	
	金融公司对其他居民的贷款	
	金融租赁	
	政府贷款	
	非金融公司贷款	
	非常住单位的贷款	国外信贷

第四章 宏观金融稳健性监测的数据基础：FSAM

续表

MFS		FSAM
非股票债券	短期政府债券	政府借款
	长期政府债券	
	地方政府债券	
	金融公司债券	其他
	公共非金融公司债券	
	其他非金融公司债券	
	组建的融资产品	
	商业债券	
	非常住单位发行的债券	
保险技术准备金	居民保险准备金	
	非常住单位保险准备金	
	养老金	
金融衍生产品	远期类型	
	期权型	
其他应收/应付账户	商业信贷	
	其他	
货币黄金和特别提款权	黄金	
	特别提款权的持有	
股票和其他权益	金融公司股票	
	非金融公司股票	
	互惠金股份	
	DSR 分配	
	国外股票	国外资产
—		国际储备
—		准备金（央行）

— 61 —

（三）指标衔接（见表4-6）

表4-6　FSAM与MFS（中国）的衔接：指标

部门\交易项目	非金融企业 运用	非金融企业 来源	金融机构 运用	金融机构 来源	政府 运用	政府 来源	住户 运用	住户 来源	国外 运用	国外 来源
实物交易										
1. 净出口	M (1)	EX (1)	M (2)	EX (2)						
2. 增加值										
3. 劳动者报酬	PW (1)	W (1)	PW (2)	W (2)	PW (3)	W (3)	PW (4)	W (4)	PWR	WR
4. 生产税净额	IDE (1)		IDE (2)		IDE (3)	TGE+IG	IDM		TM	
5. 财产收入	PRK (1)	RKE	PRK (2)	RKB	PRK (3)	RKG	PRK (4)	RKM	PRKR	RKR
6. 初次分配总收入										
7. 经常转移										
8. 可支配总收入										
9. 最终消费										
(1) 居民消费							FC			
(2) 政府消费					GF					
10. 总储蓄	SE		SB		SG		SM		BC	
11. 资本转移										
12. 资本形成总额	BIE		BIR		BIG		BIM			
13. 其他非金融资产										
14. 净金融投资										
金融交易										
净金融投资										
资金运用合计										
资金来源合计										
通货	ME (1)		ME (2)	ME	ME (3)		ME (4)		ME (5)	
存款	DEP (1)		DEP (2)	DEP	DEP (3)		DEP (4)		DEP (5)	
贷款	CD (1)		CD (2)		CD (3)		CD (4)		CD (5)	
其他对外债权债务	CEE		CEG						EXT	
准备金			RES	RES						
国际储备资产			RC						RC	
直接投资	F								F	
其他										

二、基期 FSAM 的编制与平衡

编制 FSAM 时所使用的数据主要来源于 2012 年中国 42 部门投入产出表、《中国统计年鉴》(2013，2014)、《中国金融年鉴》(2012)、《中国国民经济核算年鉴》、《中国劳动统计年鉴》(2012)、《中国税务年鉴》(2012)、《中国财政年鉴》(2012)、国际收支平衡表、资金流量表、国家统计局网站、中国人民银行网站、高校财经数据库、国泰君安数据库、各金融机构网站等。细化的中国金融社会核算矩阵将活动账户扩展为第一产业、第二产业、第三产业；商品账户相应分为农产品、工业品、服务；要素分为资本和劳动；机构部门分为住户、非金融企业、政府、中央银行、其他金融机构和国外；金融流量账户拓展为通货、存款、国内信贷、国外信贷、准备金、新发货币、其他金融工具、国际储备资产、国外资产。

FSAM 原始数据表的编制工作十分烦琐，数据散布于各个来源中，且大多数需要重新整合，对本节编制数据作部分说明如下：

第一，机构部门中"中央银行""其他金融机构"的涵盖范围包括：①中央银行，特指一国的货币当局，我国即指中国人民银行。②其他金融机构，指国有银行、政策性银行、专业银行、其他银行等，具体包括农业发展银行、国家开发银行、中国进出口银行、中国工商银行、中国建设银行、中国农业银行、中国银行、交通银行、中信实业银行、光大银行、华夏银行、烟台住房储蓄银行、民生银行、广州发展银行、深圳发展银行、上海浦东发展银行、深圳招商银行、福建兴业银行和外国银行，另外还包括农村信用社、城市信用社和城市商业银行；保险与基金公司，指在国内从事保险和基金工作的保险公司和基金公司；其他金融机构，指金融信托投资公司、证券公司、财务公司、租赁公司、证券转让交易所和资产管理公司。

第二，生产、消费产生的数据和生产税净额等数据来源于 2012 年的投入产出表。

第三，各项资本形成总额、要素收益、储蓄以及资本往来的数据来自

2012年的资金流量表。

第四,各项转移支付的数据来源比较复杂,主要来源有2012年中央财政预算、决算收支统计表,2012年国际收支平衡表等相关表格。

第五,由于部分数据以美元为核算单位,美元单位的变换采用2012年的年平均汇率6.2855,来自2013年的《中国统计年鉴》。

中国2012年宏观金融社会核算矩阵原始表如附录三中表3-1所示。原始表中,由于统计和编制过程产生的误差,数据表行列之间会有些许差异。为使行列之和达到相等,采用C-E法(Cross-Entropy,交互熵法)进行平衡。

令原有的FSAM矩阵为X^0,该矩阵因数据口径、误差等原因,行列并不平衡。现需寻找一个新的矩阵X^1,该矩阵行列平衡,且X^1中所包含的信息与X^0应尽可能接近,而两者的差异由Cross-Entropy距离(Kullback-Leibler,1951)来描述。因此,可以表述为一个优化问题:在满足特定约束条件的前提下,寻找矩阵X^1,使得X^1与X^0之间的Cross-Entropy距离最小化。

假设原FSAM矩阵X^0,系数矩阵(矩阵中各个元素除以所在列的合计值)中的各个元素为t_{ij}^0,且目标矩阵X^1的各个列的合计值是确知的(X_j),其他相关信息保持不变,求解新的FSAM系数矩阵的问题就可以写成以下优化问题:

$$\min_{\{t^1\}} H = \sum_i \sum_j t_{ij}^1 \ln\left(\frac{t_{ij}^1}{t_{ij}^0}\right) = \sum_i \sum_j t_{ij}^1 \ln t_{ij}^1 - \sum_i \sum_j t_{ij}^1 \ln t_{ij}^0$$

$$\text{s.t.} \begin{cases} \sum_j t_{ij}^1 X_j = X_i \\ \sum_i t_{ij}^1 = 1 \end{cases}$$

其中,t_{ij}^1表示新的系数矩阵元素(i,j)的值,且$0 \leq t_{ij}^1 \leq 1$,X_i与X_j分别表示目标矩阵的行和与列和。

通过构造拉格朗日函数可求解上述问题:

$$t_{ij}^1 = \frac{t_{ij}^0 \exp(\lambda_i X_j)}{\sum_{i,j} t_{ij}^0 \exp(\lambda_i X_j)}$$

其中，λ_i 为拉格朗日乘数。

求解过程采用软件 GAMS23.9.5 实现。平衡后的中国 2012 年金融社会核算矩阵平衡表如附录三中表 3-2 所示。

经 GAMS 软件平衡后，将各账户的行列总和变化进行对比，结果如表 4-7 所示。从平衡结果来看，除央行的经常账户、国外部门的资本账户和金融资产"通货"的数据变动比较大以外，其余数据变动幅度较小，大多数变动比例的绝对值小于 1，平衡结果理想。

表 4-7 2012 年 FSAM 平衡结果对比

		列和原始数据	行和原始数据	平衡后数据	f_1	f_2
要素	劳动力	125359	125359	147676	-0.18	-0.18
	资本	43823	43823	58019	-0.32	-0.32
	活动	754202	791019	790036	-0.05	0.00
	商品	770932	795478	792948	-0.03	0.00
机构经常账户	居民	159778	203214	196600	-0.23	0.03
	非金融企业	90060	21362	52812	0.41	-1.47
	政府	60115	54683	53663	0.11	0.02
	中央银行	1116	1116	2993	-1.68	-1.68
	其他金融机构	86076	98374	94985	-0.10	0.03
	国外	149778	147164	160919	-0.07	-0.09
机构资本账户	居民	87947	57213	92613	-0.05	-0.62
	非金融企业	79918	61676	66782	0.16	-0.08
	政府	11638	86228	26408	-1.27	0.69
	中央银行	123881	22951	51874	0.58	-1.26
	其他金融机构	61801	91667	56118	0.09	0.39
	国外	10385	15322	32257	-2.11	-1.11

续表

		列和原始数据	行和原始数据	平衡后数据	f_1	f_2
金融账户	通货	3303	3303	14127	-3.28	-3.28
	存款	54412	54412	45740	0.16	0.16
	国内信贷	40979	40979	55789	-0.36	-0.36
	国外信贷	10225	10385	18772	-0.84	-0.81
	准备金	20713	20713	20713	0.00	0.00
	财政借款	34469	34469	7591	0.78	0.78
	其他	56794	56794	9607	0.83	0.83
	国际储备资产	32618	32618	13322	0.59	0.59
	国外资产	10978	10978	18936	-0.72	-0.72

注：f_1 为列和差额与原始数据的比值，f_2 为行和差额与原始数据的比值。

第三节 报告期 FSAM 递推与情景模拟

一、报告期 FSAM 递推与更新

鉴于编制 FSAM 所需数据庞大，每年重新编制一张表格工作量巨大，因此充分利用基期 FSAM 的已有信息，再结合可能获得的最新数据，可以在节约数据收集成本的前提下实现递推报告期 FSAM 的目的。

更新 FSAM 的方法众多，如 RAS 法、OLS 法、Stone-Byron 法、CE 法等。万兴（2010）对不同更新方法通过保号检验、方向检验和接近程度检验等进行了比较研究，认为基于熵的更新方法要优于基于举例的方法。因此，本节仍采用 C-E 法将基期的 2012FSAM 更新至报告期 2015FSAM，并用于情景的模拟分析。

通常，投入产出表和资金流量表的数据被认为是较为可靠的数据，因此更新的数据来源于中国 2015 年投入产出延长表和 2015 年资金流量表（实物交易/金融交易），更新的关键性指标包括：

PW/PWR/W/WR/TRK/PRK/PRKR/RKM/RKE/RKG/RKB/RKR/D/
EX/CI/FC/GF/M/BIE/BIG/VO/II/TM/IDM/IDE/RKM/RKE/RKG/RKB/
RKR/ME/F/DEP/SM/CD/EXT/SG/SE/RES/SB/SBC/BC

更新后的报告期2015FSAM见附录四。

二、情景设计

在2015FSAM的框架下，以2015FSAM作为基准情景，模拟通货膨胀率分别为5%（温和型通胀）、10%（急剧型通胀）、30%（恶性通胀）时各主要宏观经济指标的水平。

假定基准期通货（ME_0）为流通中所需货币量，则各情景下考虑通胀后实际中流通货币量ME_t则为：$ME_t = ME_0 \times (1 + inf)$，其中$inf$为通胀率。

模拟情景的结果见附录五。关键性宏观经济指标相对于基准情景的对比如表4-8所示。

表4-8 各模拟情景与基准情景的对比

模拟情景		温和型通胀	急剧型通胀	恶性通胀
衡量指标（通胀率,%）		5	10	30
更新指标（ME，亿元）		4136	4333	5121
宏观经济指标	GDP（%）	0.02	0.03	0.09
	居民消费（%）	-0.08	-0.15	-0.45
	政府消费（%）	0.01	0.02	0.06
	进口（%）	-0.03	-0.06	-0.18
	出口（%）	0.00	0.03	0.16
	投资（%）	0.01	0.02	0.05
部门收入	居民（%）	0.05	0.10	0.29
	政府（%）	-0.01	-0.02	-0.05
	非金融企业（%）	0.02	0.04	0.13
	央行（%）	0.19	0.37	1.11
	其他金融机构（%）	0.01	0.03	0.08
	国外（%）	0.02	0.03	0.09

注：表中数据计算公式为（模拟情景水平-基准情景水平）/基准情景水平×100%。

三、情景模拟结果分析

表4-8模拟了在2015FSAM的一般均衡框架下,当通胀率分别为5%、10%、30%时的各宏观经济指标的变动。模拟情景仅将通胀率作为唯一外生变量,仅考虑通胀率取不同水平时的一般均衡解。从指标的变动中,我们可以作以下解读:①GDP指标。表4-8中尽管GDP增长率随着通胀率增加,但这是名义GDP的增长。若扣除通胀率,实际GDP增长率却是减小的,即大幅度的通胀会降低实际经济增长率。②居民消费与进口。随着通胀率的增长,居民消费与进口随着出现明显的减小。③政府消费、出口与投资。随着通胀率的增加,政府消费、出口与投资增加,但幅度并不明显。④各部门收入。随着通胀率的增加,政府收入递减,其他部门收入递增,但央行收入递增最为明显。

第五章
开放条件下我国宏观金融稳健性监测：指标体系与预警模型

历史上每一次金融危机均会经历一个萌发过程，对金融风险的预警和监测是规避或将危机程度降至最低的关键环节，也是应对危机的明智选择。要做到早期应对，关键在于两个方面：一是科学的指标体系；二是恰当的预警与监测模型。本章基于中国国情，在定性分析与定量分析相结合的大前提下建立我国宏观金融稳健性监测体系。

第一节 我国宏观金融稳健性监测指标体系研究

一、我国宏观金融稳健性监测指标体系的特征

金融危机是金融体系正常运行的中断，它通常会涉及不同类型的金融机构以及信贷、外汇、债券、股票等市场。金融危机的发生通常会伴有资产价格快速下跌、外汇大幅度贬值、金融机构清偿能力丧失、债务人违约率上升、金融市场回报波动性加剧等现象。金融危机通常是系统性风险以及金融机构脆弱性累积到一定程度，在外部周期性时间冲击下转化为危机

的过程，也是一系列重要连续变量发展到极端值的过程。因此，在宏观金融风险的预警和监测中以下两个关键问题不容忽视：其一，风险的预警和监测是对金融压力和系统性风险监控的一个连续性过程，而非仅限于对危机发生的预测；其二，它必须综合考虑金融机构、金融市场和宏观经济等结构性和周期性方面因素的交互作用。由于我国并无公认的反映金融危机的事件，如银行倒闭、流动性崩溃、汇价大幅贬值等，因此单纯地想从危机状态下关键性经济变量的数据特征中寻找预警与监测指标的思路是不可取的，尽管国外许多国家和国际组织已经从危机国家中归纳了许多类似变量，但这些变量是否是通用的仍尚存疑问。因此，建立我国宏观金融稳健性监测指标体系必须以当前形势下宏观金融风险的特征为基础，结合定量分析方法来构建。

首先，随着金融市场的开放和金融结构的演进，市场相关指标在风险预警和监测中的重要性日益增强。综观世界各国，20世纪90年代以前银行在金融市场中占主导地位，金融危机更多地表现为银行危机，风险预警和监测指标以银行挤兑和破产为中心。近十多年来，资本市场在经济和金融中的作用日益增强，系统性风险和金融危机更多是源于非银行的市场因素，因此以银行风险为中心的风险预警和监测指标就远远不够，市场相关指标在风险预警和监测中的重要性更加明显。这一趋势对我国也有启示作用。我国金融市场的开放和金融结构的演进符合世界金融市场的发展趋势，除了传统的银行风险，其他相关指标也必须在指标体系中有所反映。

其次，银行流动性管理模式发生重大变化，市场流动性和资本充足性指标作用凸显。发达国家金融市场的发展历程告诉我们，随着资本市场的完善，银行会更多地参与资本市场活动，特别是证券化操作促使银行信贷资产市场化，使市场流动性风险上升。我国虽然因资本市场尚未十分完善，对这方面管制较紧，可供银行选择的证券化操作有限，但可以预见，这势必是我国不久的未来一种重要的变化趋势。一般来说，早期金融市场中，银行是经济增长中流动性的主要提供者，但在资本市场发展以后，银

第五章 开放条件下我国宏观金融稳健性监测：指标体系与预警模型

行流动性管理模式发生巨大变化，银行自身也越来越多地需要通过市场获得流动性，从而更加依赖于脆弱的金融市场，这就使得银行资本充足性指标和金融市场的流动性风险指标越来越重要。

再次，越来越多的非银行金融机构高杠杆运作使危机传导机制发生变化。越来越多的非银行金融机构通过市场获得资金从事长期资产业务，这种高杠杆化运作的特征是一旦出现市场波动，这些机构可能会迅速撤离市场避险，使损失及风险传导速度和力度大大提高，传导链条多变复杂，传导路径隐蔽多样。在此前提下，市场间相关性指标反映危机传导特征的作用就变得更加重要。

最后，宏观金融风险并非个别机构风险的简单汇总，在设计预警与监测指标体系时要同时考虑微观、中观和宏观层面。个别机构风险的累积固然会演变成宏观金融风险，但宏观金融风险预警和监测中个别机构的风险状态不宜作为分析要素，而是要兼顾微观、中观和宏观三个层面。市场风险、资金和市场流动性风险是金融机构之间在市场上交互作用产生的风险，个别机构的这类风险本身就具有系统性特征。因此，微观金融机构合理的规避风险手段反而会强化系统性风险并推波助澜。此时，在市场整体状况和宏观经济中，宏观因素反映的信息更加直接。

总之，合理的宏观金融风险预警和监测指标体系应具有综合性，能够更敏感和前瞻性地反映信贷市场、资本市场和货币市场的变化，容纳金融机构、金融市场、宏观经济等结构性和周期性因素。

二、我国宏观金融稳健性监测指标体系的初步建立

基于以上的定性分析，借鉴 IMF 和欧盟央行金融稳健指标和宏观审慎指标体系的结构，设计中国化宏观金融稳健性监测指标库结构，如图 5-1 所示。

从以上几个方面分别选取若干指标进入指标库待选。初选时遵循以下原则：足够容量、全面性、代表性、可得性、灵敏性、稳定性。初选后得到的指标库和指标计算说明如表 5-1 所示。

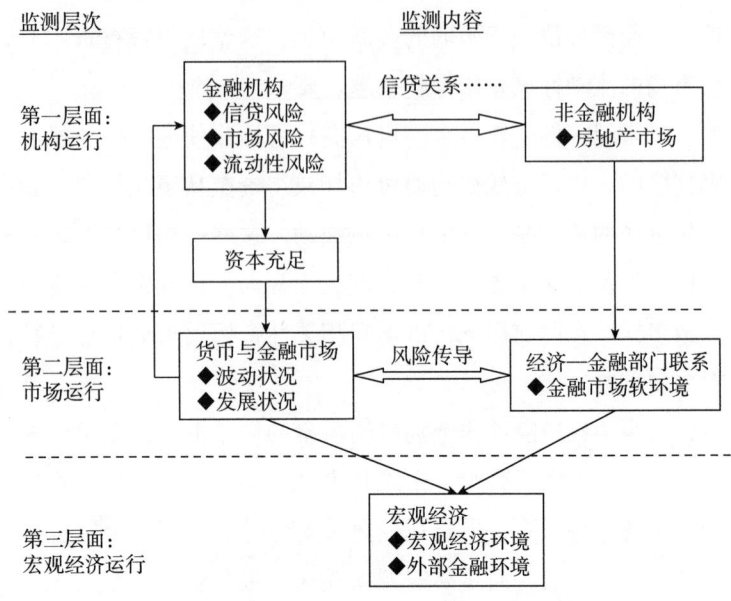

图 5-1 我国宏观金融稳健性监测指标体系结构设计

表 5-1 我国宏观金融稳健性监测指标库

I 机构运行		
一、金融机构：银行		
资本充足性	资本资产比	资本总额/总资产
资产质量	不良贷款率	不良贷款余额/全部贷款余额
盈利能力	资产利润比	当年利润总额/资产总额
	资本收益率	税收净利润/所有者权益
流动性风险	资产流动性比率	流动性资产/流动性负债
	存贷比率	各项贷款余额/各项存款余额
	备付金比率	(存放央行备付金存款+库存现金)/各项存款余额
二、金融机构：证券		
股票市盈率	当日每股收盘价/每股收益	
证券化率	股票市价总值/GDP	
三、金融机构：保险		
综合赔付率	保险赔款支出/保费收入	
保险深度	保费收入/GDP	

续表

Ⅰ 机构运行	
三、金融机构：保险	
保险广度	寿险业人身保险全年保费收入/年末人口数
四、非金融机构	
房地产开发投资/固定资产投资总额	房地产开发投资额/全社会固定资产投资总额
商品房销售面积/商品房竣工面积	商品房销售面积/商品房竣工面积
Ⅱ 市场运行	
一、货币与金融市场	
利率敏感性比率	利率敏感性资产规模/利率敏感性负债规模
汇率波动率	汇率逐期增长量/上期汇率
通货膨胀率	CPI 逐期增长量/上期 CPI
货币化程度指标	M2/GDP
二、金融市场软环境	
消费者信心指数	由国家统计局公布数据
宏观景气指标	由国家统计局公布数据
Ⅲ 宏观经济运行	
一、宏观经济环境	
GDP 增长率	实际 GDP 逐期增长量/上年实际 GDP
失业率	失业者/劳动力总数
固定资产投资增长率	固定资产投资逐期增长量/上期固定资产投资额
财政赤字/GDP	财政赤字/GDP
二、外部金融环境	
经常项目差额/GDP	经常项目差额/GDP
外汇储备支持进口时间	外汇储备/年进口额×12（月）
短期外债/外汇储备	短期外债余额/外汇储备
短期外债比例	短期外债/外债总额
外债负债率	外债余额/GDP
外债偿债率	当年外债还本付息额/当年商品和劳务出口收入
外债债务率	当年外债余额/当年货物和服务项下外汇收入

表 5-1 中测度银行资本充足性的预警指标常用的包括资本充足率、资本与总资产比例和核心资本充足率，这也是 IMF 等国际组织的预警指标体

系中常见的指标。这三个指标当中，资本充足率和核心资本充足率的计算通过对表外资产业务进行风险评级，并入表内业务，进而得出经过风险加权的资产总额。目前我国许多银行都没有达到这样的管理，只有少数几家大型上市银行公布这些数据，且缺乏足够的时间序列数据。考虑到数据可获得性和口径前后一致的问题，在此暂未将资本充足率和核心资本充足率放入指标库中。随着我国金融机构统计的逐步规范，这两项指标作为国际上通行的预警指标，应该纳入指标体系当中。

非金融机构原本还需要考虑居民或实体行业的负债水平、还贷能力，考虑到我国居民超前消费的行为并不明显，实体行业的融资情况和投资渠道比较单一，易于监管，不容易形成大面积的风险，因此未将其列入指标库。就我国目前的情况和2008年金融危机的情况考虑，房地产是泡沫经济的主要诱因和载体之一，历史上，日本、泰国的金融危机都与房地产泡沫破灭密切相关。因此，非金融机构主要考察房地产行业的风险。衡量房地产泡沫可借助房地产空置率来评价，然而我国目前还缺乏有力的统计手段和方法去准确地掌握存量房空置率，数据获得较为困难，因而只能采用房地产开发投资额/全社会固定资产投资总额和商品房销售面积/商品房竣工面积两项指标来评价房地产泡沫，前者是反映房地产投资规模、结构和发展速度的综合指标，后者是从房屋销售速度的角度来反映投资效果的指标。

消费者信心指数是反映消费者信心强弱的指标，是综合反映并量化消费者对当前经济形势评价和对经济前景、收入水平、收入预期以及消费心理状态的主观感受，预测经济走势和消费趋向的一个先行指标。消费者信心指数由消费者满意指数和消费者预期指数构成。消费者满意指数是指消费者对当前经济生活的评价，消费者预期指数是指消费者对未来经济生活发生变化的预期。消费者满意指数和消费者预期指数分别由一些二级指标构成：对收入、生活质量、宏观经济、消费支出、就业状况、购买耐用消费品和储蓄的满意程度与未来一年的预期，未来两年在购买住房及装修、购买汽车的预期，以及未来6个月股市变化的预期。我国消费者信心指数由国家统计局公布。

第五章　开放条件下我国宏观金融稳健性监测：指标体系与预警模型

我国宏观景气预警指标由中国经济景气监测中心和高盛（亚洲）联合开发，并在中国经济景气监测中心网站（http://www.cemac.org.cn/）上公布。预警指数由10个构成指标（经季节调整去除季节因素的影响）计算，包括固定资产投资、财政收入、城镇居民可支配收入、各项贷款、货币供应M2、居民消费价格指数、消费品零售总额、海关进出口总额、工业增加值和企业利润。

三、我国宏观金融稳健性监测指标体系的筛选

（一）指标选取的思路

中国化宏观金融稳健性监测，必须在现有中国宏观金融体系信息基础之上，通过定性或定量的手段，对宏观金融体系当前运行态势进行分析、测度和判断，并对未来的发展状况进行预测、预报和预警，及时采取有效的措施来驾驭波动、平缓波动，从而对宏观金融体系加以有效的宏观调控，促进其健康、可持续发展。

如何根据宏观金融体系的内部运行机理选择能够正确描述、反映、度量宏观金融的运行特点及态势的预警指标体系，是建立科学、完善的宏观金融监测预警系统的前提和基础。前文已经对各大国际组织代表性的宏观金融稳健性监测指标体系进行了系统的梳理，然而这些指标体系是否适合每一个国家的具体情况仍未有定论。总体来看，目前的预警指标体系构建，基于定性的分析较多，而定量分析较少。另外，定量的方法选择也较为主观，缺少有效性检验。除此以外，指标体系的建立不仅要明确指标体系由哪些指标组成，更应确定指标之间的相互关系，即指标结构。

在构建中国化宏观金融稳健性监测指标体系的过程中，应注重两个方面：一是注重单个指标的代表意义；二是注重指标体系的内部结构。这其中代表性和全面性是指标选择的一对难以兼顾的中心问题，因为既要单个指标有代表性，能独立反映研究对象某方面的特性，又要指标体系满足全面性，能联合反映评价对象的整体属性。若要满足全面性，势必要增加指标个数；但增加了指标个数，指标间相关程度可能性增大，反而影响了代

表性。邱东、汤光华提出了一种解决代表性和全面性兼顾的方法，思路就是先用聚类分析将候选指标群划分成若干类，再用相关系数法等统计方法从每一类中选择若干有代表性的指标。这种方法虽然有效地兼顾了指标的代表性和全面性，但是仍存在一些问题，即聚类分析在不同的距离定义下，聚类结果不会完全一致。哪种距离定义下结果最好，至今没有一个合适的标准。所以，用聚类分析对候选指标分类会由于距离定义方法不同而有所不同。

为解决这个问题，本书采用聚类分析法和非参数检验相结合的办法，对宏观金融体系的预警指标进行选择，并以此为基础，对我国宏观金融体系的预警与监测进行实证分析，以验证此预警指标体系的有效性。

指标选择的思路如图 5-2 所示。

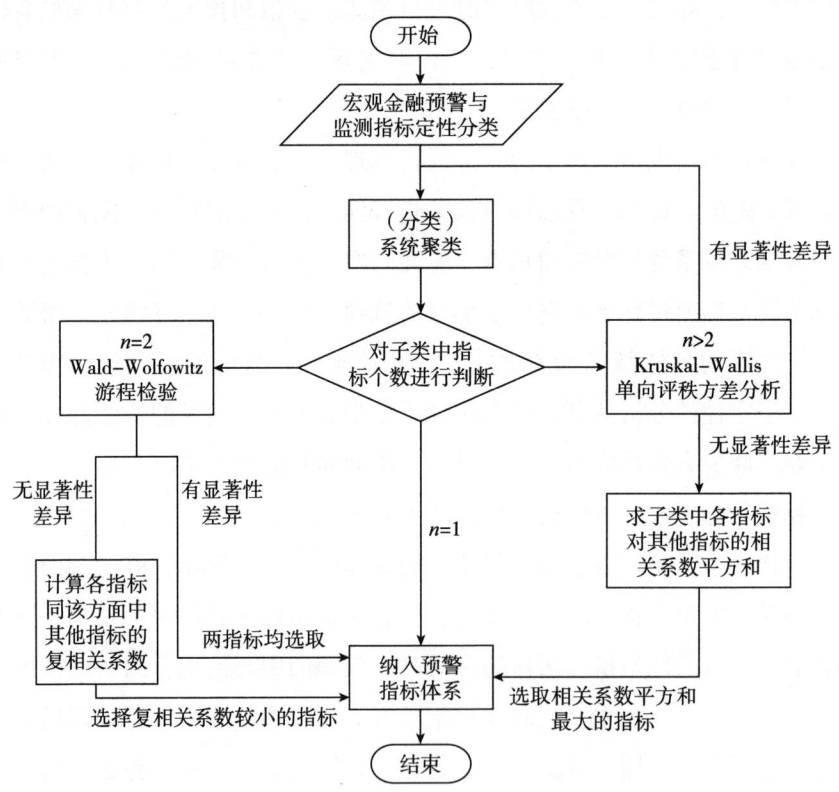

图 5-2　我国宏观金融稳健性监测指标筛选流程

（二）算法说明

1. 聚类分析

聚类有很多种方法，流程中使用的是系统聚类。其基本思想是先将 n 个指标各自看成一类，规定指标间的亲近度和类间的亲近度。开始时，类间的亲近度等于指标间的亲近度，先将亲近度最大的类合并成新的类，并计算新类与其他类的亲近度，再次将亲近度最大的两类合并。这样每次将至少减少一类，直至所有的指标成为一类。

在进行多指标评价时，同类指标的评价效果基本上是等价的。因此，在指标定性分类的基础上聚类分析归并同类指标，达到指标初步筛选的目的。

2. 非参数检验

通常来说，由于宏观经济系统的复杂性，经济指标的总体分布大多不甚明了，并且具有极强的个体性和动态性。而常用的参数检验由于对样本总体的参数有严格规定，如观察必须是独立的、必须是从正态分布总体中抽取、总体必须有相同的方差等，因此在现实中的应用受到种种局限。相对而言，非参数检验则没有这么多限制条件。它对于被抽样总体的参数不规定条件，是不依赖于总体分布的统计检验方法。它是指在总体不服从正态分布或情况不明时，检验数据资料是否来自同一个总体的一类检验方法。因此，筛选流程中可以用非参数检验来度量变量间的相似度，确定是否属于同一类。

根据指标数的不同，流程中选用的非参数检验方法主要有两个：两个独立样本非参数检验 Wald-Wolfowitz 游程检验和 K 个独立样本非参数检验 Kruskal-Wallis 单向评秩方差分析。通过它们来检验指标之间是否具有显著性差异，若具有显著性差异，那么各指标分属于不同的类；若不具有显著性差异，那么即可认为各指标属于同一类。

（三）流程说明

图 5-2 的指标筛选流程分为以下步骤：

第一步，对预警与监测指标原始数据库按指标性质进行分类，分为若干个方面。

第二步，在进行聚类之前，对数据进行预处理，主要有两个：①指标性质的统一。逆指标和适度指标全部统一为正指标。逆指标转换为 $\frac{1}{x}$，适度指标转换为 $\frac{1}{|x-k|}$（k 为适度值）。②无量纲化。为了保持原有指标的变异特性，选用"归一化"处理方式：$x'_i = x_i / \sum_{i=1}^{n} x_i$。

第三步，对每个方面指标体系分别进行聚类分析，得到若干个子类，并对子类中指标个数 n 进行判断。

若 $n=1$，意味着该指标在聚类树中单独归为一类，直接纳入预警与监测指标体系。

若 $n=2$，即子类中指标个数为 2，对这两个指标进行 Wald-Wolfowitz 游程检验，判断指标之间是否具有显著性差异。显著性水平取 0.05 则判断规则是 P 值大于 0.05 则无显著性差异，P 值小于 0.05 则有显著性差异。Wald-Wolfowitz 游程检验有两种结果：①有显著性差异，则两个指标都进入预警与监测指标体系；②无显著性差异，则计算这两个指标同该方面中其他指标的复相关系数，根据极大不相关原则，复相关系数越大的指标越能被其余指标替代，故选择两个指标中复相关系数较小的指标来反映该子类的信息，进入预警与监测指标体系。

若 $n>2$，即子类中指标个数大于 2，对这两个指标进行 Kruskal-Wallis 单向评秩方差分析，判断指标之间是否具有显著性差异。判断规则同上。检验也有两种结果：①有显著性差异，此时，重新对子类继续进行聚类分析，直到同类指标没有显著性差异为止；②无显著性差异，则计算子类中各指标对其他指标的相关系数平方和，数值最大者，表明它在此类中与同类其他指标具有较高的相关性，代表性较强，将其纳入指标体系。

（四）筛选过程与结果

1. 机构运行

机构运行层面指标筛选过程与结果如表 5-2 所示。

表 5-2　机构运行层面指标筛选过程与结果

	指标		聚类分析	非参数检验	相关分析
银行	资本资产比	X1	X1，入选	—	—
	不良贷款率	X2	X2，入选	—	—
	资产利润比	X3	X5，入选	—	—
	资本收益率	X4	(X3, X4)	P = 0.087，无显著性差异	r3 = 0.817，r4 = 0.974，X3 入选
	资产流动性比率	X5			
	存贷比	X6	(X6, X7)	P = 0.573，无显著性差异	r6 = 0.964，r7 = 0.969，X6 入选
	备付金比例	X7			
证券	股票市盈率	X8	—	P = 0.016，有显著性差异，入选	—
	证券化率	X9			
保险	综合赔付率	X10	X10，入选	—	—
	保险深度	X11	(X11, X12)	P = 0.280，无显著性差异	r11 = 0.892，r12 = 0.816，X12 入选
	保险密度	X12			
非金融机构	房地产开发投资/固定资产投资总额	X13	—	P = 0.573，无显著性差异	r13 = 0.988，r14 = 0.999，X13 入选
	商品房销售面积/商品房竣工面积	X14			

2. 市场运行

市场运行层面指标筛选过程与结果如表 5-3 所示。

表 5-3　市场运行层面指标筛选过程与结果

	指标		聚类分析	非参数检验	相关分析
货币与金融市场	利率敏感性比率	X15	X16，入选	—	—
	汇率波动率	X16	(X15, X17, X18)	P = 0.342，无显著性差异	$\sum r_{15}^2 = 0.6462$，$\sum r_{17}^2 = 0.2781$，$\sum r_{18}^2 = 0.8604$，X18 入选
	通货膨胀率	X17			
	货币化程度指标	X18			

续表

指标		聚类分析	非参数检验	相关分析
金融市场软环境	消费者信心指数 X19 宏观景气指标 X20	—	P = 0.000,有显著性差异,入选	

3. 宏观经济运行

宏观经济运行层面指标筛选过程与结果如表 5-4 所示。

表 5-4 宏观经济运行层面指标筛选过程与结果

指标		聚类分析	非参数检验	相关分析
宏观经济环境	GDP 增长率 X21 失业率 X22 固定资产投资增长率 X23 财政赤字/GDP X24	X23,入选	—	—
		X24,入选	—	—
		(X21,X22)	P = 0.280,无显著性差异	r21 = 0.788, r22 = 0.845, X21 入选
外部金融环境	经常项目差额/GDP X25 外汇储备支持进口时间 X26 短期外债/外汇储备 X27 短期外债/债务总额 X28 外债负债率 X29 外债偿债率 X30 外债债务率 X31	X29,入选	—	—
		(X26,X28)	P = 0.280,无显著性差异	r26 = 0.0.961, r28 = 0.908, X28 入选
		(X25,X27)	P = 0.087,无显著性差异	r25 = 0.964, r27 = 0.992, X25 入选
		(X30,X31)	P = 0.280,无显著性差异	R30 = 0.931, r31 = 0.967, X30 入选

(五) 我国宏观金融稳健性监测指标体系的最终确定

经过上述流程的筛选,最终确定中国化宏观金融稳健性监测指标体系,如表 5-5 所示。

表 5-5　我国宏观金融稳健性监测指标体系

I 机构运行		
一、金融机构：银行		
资本充足性	资本资产比	资本总额/总资产
资产质量	不良贷款率	不良贷款余额/全部贷款余额
盈利能力	资产利润比	当年利润总额/资产总额
流动性风险	资产流动性比率	流动性资产/流动性负债
	存贷比率	各项贷款余额/各项存款余额
二、金融机构：证券		
股票市盈率	当日每股收盘价/每股收益	
证券化率	股票市价总值/GDP	
三、金融机构：保险		
综合赔付率	保险赔款支出/保费收入	
保险广度	寿险业人身保险全年保费收入/年末人口数	
四、非金融机构		
房地产开发投资/固定资产投资总额	房地产开发投资额/全社会固定资产投资总额	
II 市场运行		
一、货币与金融市场		
汇率波动率	汇率逐期增长量/上期汇率	
货币化程度指标	M2/GDP	
二、金融市场软环境		
消费者信心指数	由国家统计局公布数据	
宏观景气指标	由国家统计局公布数据	
III 宏观经济运行		
一、宏观经济环境		
GDP 增长率	实际 GDP 逐期增长量/上年实际 GDP	
固定资产投资增长率	固定资产投资逐期增长量/上期固定资产投资额	
财政赤字/GDP	财政赤字/GDP	
二、外部金融环境		
经常项目差额/GDP	经常项目差额/GDP	
短期外债比例	短期外债/外债总额	
外债负债率	外债余额/GDP	
外债偿债率	当年外债还本付息额/当年商品和劳务出口收入	

第二节 我国宏观金融稳健性监测模型与实证

一、研究综述

国内外用来预警与监测金融危机的方法基本上可以归为三类：

（一）指数预警

该类方法是通过制定综合指数来评价监测对象所处的状态，目前主要应用于宏观经济和金融领域，用来预测经济周期的转折点和分析经济的波动幅度。被世界银行和 IMF 广为应用的是 Kaminsky、Lizondo 和 Reinhart（1999）提出的"调整噪声信号比"，也称"信号法"（Signal Approach），还有 Udaibir S. Das、Marc Quintyn 和 Kina Chenard（2004）设计的 FSSI 指数。另一具有代表性的是 Michael D. Bordo、Michael J. Dueker 和 David C. Wheelock（2000）等建立的金融稳健性状况指数。国内伍志文（2001）、孙立坚（2004）、刘锡良（2004）等探讨了用算术平均法和主成分分析法计算出一个金融稳健性或者金融安全综合指数的方法。

尽管这一类指数预警的方法运用得非常广泛，但前几次金融危机中，所取得的预警与监测效果却不尽如人意。这一类预警方法的效果受两个因素的限制，一是必须建立一个合理的指标体系，二是必须确定一个合理的阈值（Threshold Level）。不管是指标体系也好，还是阈值也好，实际上都是动态的，会随着实际情况的发展而发生变动。因此，在实际应用中，必须密切关注危机时期指标取值的变动，并与安全时期对比，通过经验分析，不断调整指标范围和指数合成方法。以 IMF 和 Kaminsky 所做工作在亚洲金融危机中所起的作用为例，在切割概率为 50% 时，被正确呼叫的预危机期至多为 4%，在切割概率降为 25% 时，这个比例才提高到 32%，说明信号法预测危机的能力不佳。

（二）统计预警

该类方法主要通过统计方法来发现监测对象的波动规律，如多元判别分析法、Logistic 回归分析等。最具有代表性的有：①概率单位模型（Probit Model）或多元 Logit 模型。Frankel 和 Rose 根据 100 多个发展中国家 1971~1992 年的数据，利用概率单位模型来估计金融危机发生的概率（Frankel & Rose，1996）；Andrew Bery 和 Catherine Pattilo 把样本国家的数据拓展到 1996 年，在切割概率为 50% 时，准确呼叫的比例达到危机中的 1/3，总体效果欠佳。②Sachs、Tornell 和 Velasco 等提出的横截面回归模型（STV）。该方法集中分析起因类似的一小组危机，同时主要分析对说明危机的原因至关重要的一些变量。STV 方法无法预测危机发生的时机，但能指出在改变全球金融环境的事件中，哪些国家将受到严重影响。③斯坦福大学刘遵义教授（1995）的主观概率法。刘遵义教授选取了十项指标作为判断本币地位和状况的主要依据，观察这十个方面的不同表现，以构成可能发生金融危机的不同征兆。该方法在 1995 年成功地预测了东亚金融危机。

（三）模型预警

该类方法是通过建立数据挖掘模型来评价监测对象所处的状态。比较具有代表性的方法有基于人工神经网络（ANN）的预警评价方法、智能化预警支持系统（IEWSS）、失败树（FCTA）预警法等。这一类模型试图从海量数据中归纳出一定的规律，然后进行监测、分析、预测、预警等工作。

人工神经网络（ANN）是基于统计学习理论发展起来的一类模型，其目的在于模拟大脑的某些机理与机制，通过事先不断地学习，可实现自学习的功能。人工神经网络模型主要是基于 BP 的神经网络模型。BP 人工神经网络是 Rmenlhart、McClelland 等研究并设计的、基于误差反向传播算法的一种多层前向神经网络。由于 BP 神经网络的神经元采用的传递函数通常是 Sigmoid 型可微函数，可以实现输入与输出间的任意非线性映射，故在模式识别、自适应控制、风险评估、预警指标的评价等方面有着广泛的应用。在预警指标的历史数据比较少，呈非线性变化的情况下，可用人工神经网络方法对预警指标进行自学习的评价。

智能化预警支持系统（IEWSS）是决策系统的一个重要分支，随着神经网络、案例推理、模糊推理、规则推理等技术逐渐进入预警领域，给智能化预警支持系统的知识表示和推理带来了新的理论和方法。其中，案例推理技术更为广泛地应用于预警领域。案例推理首先对预警对象进行特征描述，根据这些特征，从案例库中检索相似案例，比较旧案例与新问题的异同之处，对旧案例进行调整，通过对预警信息与案例库所存信息进行比较来达到预警的目的。

失败树预警法（FCTA）的实质是一种预先防范失败的方法，在预警领域也得到了广泛应用。FCTA是对已经发生的失败事件进行分析，此时失败事件的路径、源因素和失控条件相对而言是确定的，失败树的结构相对肯定和明晰。通过对大量失败实践的总结，可从管理角度构建图示清楚的失败树。失败树的构建有利于传授失败预防知识。失败学研究涉及多门学科领域，必须借助于各种科学手段，建立失败知识库和进行失败形成机制的仿真分析。

这三类方法各有其特点，适用于不同的情况，然而它们在我国的运用却不约而同地遇到了一个共同的困难，那就是缺乏足够的、表现预警对象异常波动的预警警兆的非正常数据。这三类方法都必须基于一定的样本历史数据和足够的非正常数据才能进行修正或自学习达到一定的准确程度，从而实现实用的目的。由于我国缺乏足够的样本数据，特别是非正常样本数据，在没有足够的预警警兆样本的情况下，现有的这些预警方法并不适用。国内不少学者在这些方面做过各种尝试，均因同样的原因未获得公众的认可。

二、基于支持向量数据描述的宏观金融稳健性监测模型

正如前文所述，对动态的、非线性的复杂宏观经济系统进行预警工作时，由于预警对象的发展、环境的快速改变及异常出现的概率相对较低等原因，收集非正常数据是一件相当困难的工作，这对现有的预警方法来说

是一个很大的局限。

D.Tax 等以支持向量分类器为基础提出了支持向量数据描述算法（Support Vector Data Description，SVDD）。这种方法能够围绕目标类数据建立支持向量描述模型——包括目标类数据的超球体，将目标类与所有离群类分开。林健、彭敏晶（2006）在此基础上提出了基于统计学习的 SVDD 预警技术，将该算法应用到经济预警领域。SVDD 预警技术可以实现在没有非正常数据样本集（预警警兆数据样本）的情况下进行预警工作的目标，同时也解决了收集非正常数据样本的问题。

SVDD 将预警工作分为两个步骤（见图 5-3）。第一步，区别正常数据和其他数据。建立一个基于支持向量数据描述的一类分类器，把能确认的所有的正常数据对象包含在一个超球体内，以区别超球体外的其他数据。第二步，确认超球体外其他数据中的非正常数据，球体外的其他数据由经济预警专家来判断是否为非正常数据以发布经济异常警告。

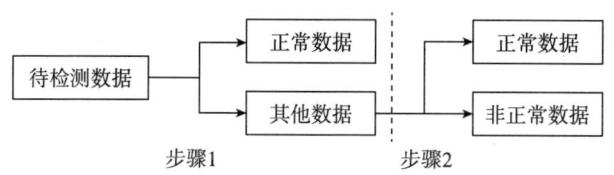

图 5-3　SVDD 预警技术步骤

Vapnik 的统计学习理论认为，如果样本的数据量比较小时，采用直接寻找封闭区域的方式来分类比估计概率密度的方法更为有效，这种直接寻找封闭区域的一类分类器被称之为数据描述。

对于包含 n 个正常数据对象的样本集 $\{x_1, x_2, \cdots, x_n\}$ 所形成的超球体由中心点 a 和半径 R 描述。要形成紧凑的球体边界，数据描述的优化问题可以表述为：

$$\min \quad L(R) = R^2 \tag{5.1}$$

$$\text{s.t.} \quad R^2 - (x_i - a)(x_i - a)^T \geq 0 \tag{5.2}$$

根据该问题，可以定义 Lagrange 函数为：

$$L(R, a, \Lambda) = R^2 - \sum_{i=1}^{n} \alpha_i \{R^2 - (x_i - a)(x_i - a)^T\} \qquad (5.3)$$

其中，Lagrange 系数 $\alpha_i \in \Lambda$，且 $\alpha_i \geq 0$。

Lagrange 函数对 R 求偏微分，并令其等于 0，得到：

$$\sum_{i=1}^{n} \alpha_i = 1 \qquad (5.4)$$

Lagrange 函数对 a 求偏微分，并令其等于 0，结合式 (5.4)，得到：

$$\sum_{i=1}^{n} \alpha_i x_i = a \qquad (5.5)$$

把式 (5.4)、式 (5.5) 代入式 (5.3)，得到优化方程：

$$\max \ L = \sum_{i=1}^{n} \alpha_i (x_i \cdot x_i) - \sum_{i=1}^{n} \sum_{j=1}^{n} \alpha_i \alpha_j (x_i \cdot x_j) \qquad (5.6)$$

$$\text{s.t.} \ \sum_{i=1}^{n} \alpha_i = 1 \qquad \alpha_i \geq 0 \qquad (5.7)$$

根据 KKT 条件，Λ 中大部分 $\alpha_i = 0$，少部分 $\alpha_i \geq 0$。与不为 0 的 α_i 对应的样本 x_i 决定了超球体的边界，这些样本数据被称为支持向量（Support Vector，SV）。

对于已知 Λ，通过式 (5.5) 可以求出球心 a，任选一个支持向量可以由式 (5.8) 求出 R：

$$R^2 - (x_i - a)(x_i - a)^T = 0 \qquad (5.8)$$

对于待检测数据 z，令：

$$f(z) = (z - a)(z - a)^T \qquad (5.9)$$

式 (5.9) 也可以变换为：

$$f(z) = (z \cdot z) - 2\sum_{i=1}^{n} \alpha_i (z \cdot x_i) + \sum_{i=1}^{n} \sum_{j=1}^{n} \alpha_i \alpha_j (x_i \cdot x_j) \qquad (5.10)$$

考虑到式 (5.10) 中，对于待检验的 z，有：

$$\sum_{i=1}^{n} \sum_{j=1}^{n} \alpha_i \alpha_j (x_i \cdot x_j) = const \qquad (5.11)$$

令：

$$g(z) = (z \cdot z) - 2\sum_{i=1}^{n} \alpha_i (z \cdot x_i) \qquad (5.12)$$

第五章 开放条件下我国宏观金融稳健性监测：指标体系与预警模型

$$\lambda(z) = \frac{g(z)}{g(x_s)} \tag{5.13}$$

其中，x 为任一支持向量。因此，可以依据式（5.14）来判定 z 是否在超球体外：

$$\lambda(z) = \begin{cases} >1, & z \text{ 在超球体外} \\ \leq 1, & z \text{ 在超球体内} \end{cases} \tag{5.14}$$

可以看出，采用式（5.12）~式（5.14）来确定待判定点 z 的状态，省去了计算半径 R 和中心点 a 的过程，简化了计算。

然而，由于优化方程（5.6）所确定的边界形状单一，且边界区域所形成的空间过大，不够紧凑，易于把非正常数据纳入超球体的范围。因此，通过核方法（Kernel Method，KM）把输入空间的数据对象映射到核控件来解决此问题。把内积运算替换为满足 Merce 条件的核函数 $(x_i \cdot x_j) \to K(x_i \cdot x_j)$，则属性空间的优化方程（5.6）变换为：

$$\max \quad L = \sum_{i=1}^{n} \alpha_i K(x_i \cdot x_i) - \sum_{i=1}^{n}\sum_{j=1}^{n} \alpha_i \alpha_j K(x_i \cdot x_j) \tag{5.15}$$

约束条件不变，式（5.10）变为：

$$f(z) = K(z \cdot z) - 2\sum_{i=1}^{n} \alpha_i K(z \cdot x_i) + \sum_{i=1}^{n}\sum_{j=1}^{n} \alpha_i \alpha_j K(x_i \cdot x_j) \tag{5.16}$$

式（5.12）变为：

$$g(z) = K(z \cdot z) - 2\sum_{i=1}^{n} \alpha_i K(z \cdot x_i) \tag{5.17}$$

这种基于核方法的直接寻找封闭区域的一类分类方法被称为支持向量数据描述。特别地，选择高斯径向基核函数：

$$K(x, y) = \exp(-\|x-y\|^2/\sigma^2) \tag{5.18}$$

其中，σ 可事先给出。给定不同的 σ 对于同一样本集可能产生不同的超球体边界。

引入高斯径向基核函数后，式（5.15）和式（5.17）分别简化为：

$$\max \quad L = 1 - \sum_{i=1}^{n}\sum_{j=1}^{n} \alpha_i \alpha_j K(x_i \cdot x_j) \tag{5.19}$$

$$g(z) = 1 - 2\sum_{i=1}^{n} \alpha_i K(z \cdot x_i) \tag{5.20}$$

在引入核方法形成正常数据集的边界后，如果待确定状态的数据对象 z 的 $g(z)>g(x_s)$，即 $\lambda(z)>1$，则 z 为可疑非正常数据。

三、基于支持向量数据描述的宏观金融稳健性监测实证

以本章第一节确定的预警与监测指标体系为基础，选择基于 SVDD 技术的预警与监测模型，以我国 2002~2015 年的数据为例进行验证。

选定 $\sigma=1.35$，事先通过专家法确定 2002~2007 年的数据为正常数据对象。根据 SVDD 预警模型，计算 2008~2015 年的 $g(z)$ 和 $\lambda(z)$，结果如表 5-6 所示。

表 5-6 SVDD 预警模型结果

预警年份	$g(z)$	$\lambda(z)$
2002	—	—
2003	—	—
2004	—	—
2005	—	—
2006	—	—
2007	—	—
2008	0.43835	0.94697
2009	0.39757	0.85888
2010	0.40325	0.87115
2011	0.43226	0.93381
2012	0.43687	0.94377
2013	0.46898	0.92673
2014	0.52634	1.13710
2015	0.53101	1.14710

表 5-6 的数据显示，2014~2015 年宏观金融稳健性将会出现波动。尽管从直观情况而言，2014 年我国宏观经济和宏观金融的运行并未在很大程度上受到国外经济形势的冲击和影响，但预警模型告诉我们的是，中国作为世界经济系统中的一分子，同样也会受到国际经济与金融环境的波及，只是波及的程度与本国金融市场的开放进程相关。

第六章
开放条件下我国宏观金融稳健性监测：压力测试

第一节 宏观金融压力测试理论综述

宏观金融稳健性的指标分析能够评估稳健性水平并做出预警，但其无法反映极端情况下宏观金融系统的表现，表达出正确的风险，识别出脆弱性环节。尽管极端的情况发生的概率非常小，但一旦发生将是灾难性的，会给社会带来巨大的损失。所以，研究在这些小概率的极端情况下（例如金融危机）宏观金融体系的稳健性，就引起了各国政府决策和监管部门、国际金融组织和众多学者的极大关注。这种模拟"异常但合理"（IMF，2004）的宏观经济冲击对金融体系稳健性的影响的分析，就是压力测试。

许多国家的经验表明，金融发展可以促进经济增长，金融系统的脆弱和不稳定能够严重阻碍经济增长。随着经济金融全球化进程的加快，各国政府和国际金融组织高度重视维护金融体系的整体稳定，国际上对金融体系的优点和脆弱性的系统性评估的关注日益增多。制定维护金融体系稳定和促进金融发展的政策，已成为世界各国政策制定者关注的核心领域。

国际清算银行（BIS）巴塞尔银行监管委员会提出，可根据其内部模型估计的风险价值（VaR）作为计算资产市价变动风险的资本准备的规范草案，并将此草案提交国际证券监管组织（IOSCO）。IOSCO（1995）认为应在此草案框架下进行压力测试，用于模拟发生极端状况时的异常损失，以确定金融机构是否有能力抵御这种极端状况。所谓异常损失（Catastrophe Loss，CL），是超过银行风险资本可以覆盖的非预期损失以外的损失，是小概率事件，通常发生于测度非预期损失时一定的置信水平之外（见图6-1）。这是压力测试最早提出之时。

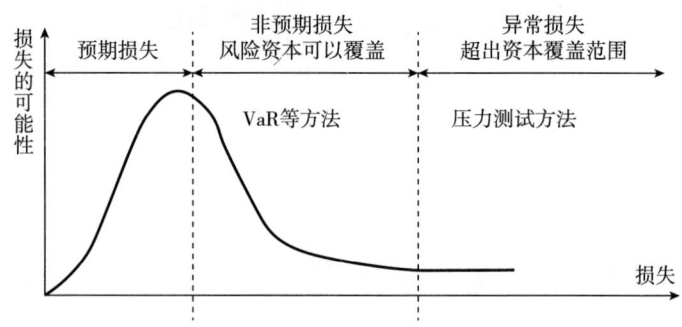

图6-1　风险管理的补充机制——压力测试

随后，BIS（1996a）中提到，银行应定期进行压力测试，且应包括定性分析与定量分析。定量分析应包括认定银行可能面临的市场压力情景；定性分析应强调压力测试的两项基本目标，一是评估银行承受巨额损失的能力，二是确认银行所采取的降低风险及保全资本的步骤。IOSCO（1999）指出，商业银行一般采用的VaR模型是根据某一既定时点下的数据，并在若干假设下计算市场正常情况时的最大可能损失，因此主管部门在评估商业银行所采用的风险监控模型时，应将是否包含合理的压力测试程序列为条件之一。但由于不同商业银行在各种不同环境下都有遭受巨大损失的可能性，因此无法列举可能使所有商业银行均产生巨大损失的一组单一情景。如果任一商业银行只使用单一的一组标准情景执行压力测试而不作积极的判断，则极难察觉对其资产组合产生巨大影响的风险事件。另外，由

第六章 开放条件下我国宏观金融稳健性监测：压力测试

于商业银行的交易策略及市场环境均会随时改变，因此压力测试所设定的情景也应因时制宜，主管部门应要求银行对于压力测试所设定的情景作定期复核。

2000 年开始，根据巴塞尔银行监管委员会发布的《银行机构流动性管理的稳健做法》，各国央行均对金融体系内部开展了不同范围的流动性风险监管，并制定了压力测试的指导性纲领。2004 年 6 月，巴塞尔银行监管委员会公布了《新资本协议》框架。根据新巴塞尔协议有效监管体系核心原则对风险监管的要求，各种关于压力测试的指引、方案相继出台。例如，2005 年国际清算银行的《压力测试在主要金融机构的调查结果与实践情况》对各国的压力测试方法和实施情况进行了调查统计分析；2007 年欧洲银行监管委员会的《监管检查过程中压力测试的技术框架》及 2008 年巴塞尔银行监管委员会的《流动性风险管理与监管挑战》等，给各国的商业银行风险防范和压力测试提供了不少可供参考的范本。

除了巴赛尔银行监管委员会以外，其他国际组织也对金融风险监测和压力测试进行了积极探索。世界银行（World Bank，WB）和国际货币基金组织（International Monetary Fund，IMF）于 1999 年联合发起的金融部门评估项目（Financial Sector Assessment Program，FSAP），构建了一系列对金融部门稳定性进行分析与评估的工具和方法。评估方法主要包括三类：①标准和准则评估，根据国际标准和准则，评估一国金融部门执行标准和准则的情况；②金融稳健指标，包括核心指标和鼓励指标两大类，用以分析和评价金融体系的实力和脆弱性；③压力测试，通过分析宏观经济变量的变动可能对金融体系稳健性带来的影响，来对金融部门的风险和脆弱性进行评估。使用这些工具的目的，在于监测金融体系的稳健性和可持续发展，分析金融部门和宏观经济之间的联系，评估货币政策和财政政策各个方面的有效性，并促进核心金融政策领域的协调与国际合作。

从以上国际性及国家性监管机构所发表的报告来看，压力测试已被监管当局视为金融机构风险管理中的重要一环。各国也纷纷开始实施压力测试。2003年，中国银监会响应FSAP（Financial Sector Assessment Program）项目号召，要求国内各商业银行开展利率变动、汇率变动、准备金调整、不良贷款变动对商业银行资本金和盈利的影响四个子课题的压力测试工作。中国银行于当年在资金业务市场风险管理中应用了压力测试方法。2003年末，中国工商银行、中国农业银行、中国银行、中国建设银行、中国交通银行和深圳发展银行在我国银行业监督管理委员会（以下统称银监会）的组织下，对所在行的信用风险、利率风险（人民币、外币）、汇率风险、流动性风险四个方面进行了第一次压力测试。但受限于当时技术水平以及专业人才缺乏，压力测试的推广工作收效不大。在次贷危机爆发的前一年，中国银监会要求所有商业银行对房地产贷款进行压力测试，还专门聘请了境外咨询机构对中国银行业的房地产贷款进行整体测试。在上述工作的基础上，2007年底，中国银行业监督管理委员会颁布了《关于印发商业银行压力测试指引的通知》和《商业银行压力测试指引》，并规定国有商业银行和股份制银行最迟应于2008年底前、城市商业银行和其他商业银行最迟应于2009年底前按照指引要求开展压力测试工作，以提高我国商业银行的风险防范能力，标志着我国商业银行压力测试制度正式建立。我国银行业主要从宏观和微观两个层面上评估宏观经济变量的极端变动对于银行体系稳健性的影响，宏观层面上由银监会进行整体的银行体系的压力测试，微观层面上由商业银行各自进行压力测试。目前，对银行业进行的压力测试主要进行单因素敏感性分析，具体冲击因素包括信用风险、利率风险、汇率风险和流动性风险。

　　国际清算银行全球金融体系委员会将压力测试定义为测度金融体系对于一些异常但又可信事件脆弱性的各种技术的总称。以2008年的世界金融危机为例，自此次危机爆发以来，世界金融巨头美国蒙受了前所未有的经济灾难。面对一个又一个企业的倒闭或是濒临破产所带来的失业率的飙升，美国政府越来越显得力不从心，并且由于客观条件的局限性，美国政府只能有针对性地进行援助。于是在银行控股公司方面，美国政府要求所有在2008年底资产规模超过1000亿美元的美国银行控股公司参加由美联储发布的压力测试。根据压力测试的结果，美联储选出可以应对更糟糕情况的银行进行救助。这种方法有效地筛选出能够承受风险的银行，帮助美国政府有选择性地进行注资。可见，压力测试的主要目的是识别金融机构体系内承受系统性风险时所暴露的结构性弱点和整体风险水平。压力测试有宏观和微观两个层面，本书主要关注宏观金融体系的压力测试（Macro Stress-testing）。

一、国内外研究综述

压力测试最初是为了响应1996年巴塞尔资本协定的修正而被正式提出并开始运用，长期一直被视作风险价值（VaR）的辅助风险管理工具，因为风险价值仅反映了在正常市场环境下银行业可能遭受的最大损失，并不能概括极端不利的小概率事件发生时银行业所可能遭受的潜在损失。Wilson（1997a，1997b）首先将宏观经济冲击与不同产业部门的违约率联系起来，他认为不同的产业部门对宏观经济因子的冲击有不同的敏感度。之后，许多学者都以Wilson模型为基础研究违约率、违约损失率等信用风险与宏观经济的关系，如Vieghe（2001）、Boss（2002）、Virolainen（2004）等。

目前，IMF等国际金融组织和各国央行对宏观压力测试的研究处于领先地位。例如，Hibers（2004）、Worrell（2004）、BIS的Sorge（2004）对宏观压力测试方法进行了比较；IMF的Cihak（2003，2004，2006）、Swinburne（2007）等分析了微观压力测试与宏观压力测试的区别，并总结了IMF宏观压力测试系统的演进历程；英国央行的Drehmann（2004，2006）、Haldane（2007）剖析了英国宏观压力测试系统的构建方法和评测结果；奥地利央行的Ross等（2006）分析了该国宏观压力测试系统的构建框架；美国FDIC的Krimminger（2007）、欧洲央行的Lind（2007）、挪威央行的Moe（2007）、澳大利亚储备银行的Ryan（2007）、西班牙央行的Saurina（2007）分别总结了各国宏观压力测试系统构建的经验。近年来，宏观压力测试的研究文献主要集中于研究银行间市场传染效应（Contagion Effects or Domino Effects)、反馈效应（Feedback Effects）、信贷衍生品市场发展引起的内生性风险和非线性影响等问题，如 Goodhart（2004，2007）、Summer（2007）、Tsatsaronis（2007）等。也有一些研究试图将宏观压力测试对金融稳定性的分析引入货币政策制定过程中（Sorge，2004）。

虽然宏观压力测试方法应用时间较短，但在实践中得到了迅速的推广。2004 年以后，压力测试中的情景分析（Scenario Analysis）已逐渐成为金融机构在衡量宏观经济冲击时的重要风险管理工具，如巴塞尔银行监管委员会（BCBS）、国际证监会组织（IOSCO）等的报告。IMF 和 World Bank（1999）发起的金融部门评估项目（FSAP），首次将宏观压力测试方法作为衡量金融系统稳定性分析工具的重要组成部分，陆续在 120 多个国家尝试开展宏观压力测试。在 FSAP 项目的协助下，各国政策当局纷纷开发出自己的宏观压力测试系统，代表性的有英格兰银行的 TD 测试系统、奥地利银行的 SRM 测试系统等。2005 年末，大约 50 家中央银行发布了金融稳定性报告（FSR），其中一半以上的报告中包含有宏观压力测试内容（Cihak，2006）。2007 年 7 月，"宏观压力测试和金融危机模拟"（Conference on Stress-testing and Financial Crisis Simulation Exercises）会议在法兰克福召开，IMF 和欧洲、英国、奥地利、西班牙等央行官员交流了各国（或地区）宏观压力测试的经验和面临的挑战。宏观压力测试在各国银行业的宏观经济审慎分析中越来越受重视。

虽然微观压力测试被国际大银行广泛使用，宏观压力测试已成为政策当局金融稳定性分析中广泛使用的工具，但目前国内压力测试尚处在微观领域推广初期。2007 年 12 月，我国银监会颁布的《商业银行压力测试指引》指出，压力测试是通过测算银行在遇到假定的小概率事件等极端不利的情况下可能发生的损失，分析这些损失对银行盈利能力和资本金带来的负面影响，进而对单家银行、银行集团和银行体系的脆弱性做出评估和判断并采取必要措施。在宏观层面上，每年公布的《金融稳定报告》中并未公布压力测试内容。

二、压力测试的基本概念、主要流程和方法

IOSCO（1995）指出，压力测试是假设市场在最不利的情形（如利率突然急升或股市突然重挫）时，分析对资产组合的影响效果。之后，IOSCO（1999）进一步具化了这一概念，提出压力测试是将资产组合所面临的极端但可能发生的风险加以认定并量化。从以上两个定义可以看出，压力测试的重点在于分析市场产生压力情景时，金融机构或体系对于资产组合产生损失的最大承受能力，并将此极端风险量化的过程。国际清算银行巴塞尔银行全球金融系统委员会（BIS Committee on the Global Financial System，BCGFS，2000）将压力测试定义为金融机构衡量潜在但可能（Plausible）发生异常（Exceptional）损失的模型。台湾财务会计准则公报第三十三号定义压力测试为"透过情景设定或历史信息，根据可能的风险因子变动情形，重新评估金融商品或投资组合之价值，以作为判断企业蒙受不利影响时，能否承受风险因子变动的参考"。我国银监会将压力测试定义为"将整个金融机构或资产组合置于某一特定的（主观想象的）极端市场情况下，如假设利率骤升100个基本点、某一货币突然贬值30%、股价暴跌20%等异常的市场变化，然后测试该金融机构或资产组合在这些关键市场变量突变的压力下的表现状况，看其是否能经受得起这种市场的突变"。

基于以上观点，本章将压力测试定义如下：用各种技术评估金融机构或体系对特殊事件的脆弱程度的分析过程，通过定量分析测试金融机构甚至整个金融体系抗击冲击的能力，从而判断、监测金融机构出现风险的可能性、敏感性和脆弱环节。

IMF的压力测试的流程与方法如图6-2所示。

压力测试的主要流程大致分为五个步骤：

（一）识别风险模型类型

在这个阶段里，研究者识别金融机构（或金融制度）最主要的脆弱点，确定风险模型的类型，包括市场风险（包括利率风险、汇率风险、商

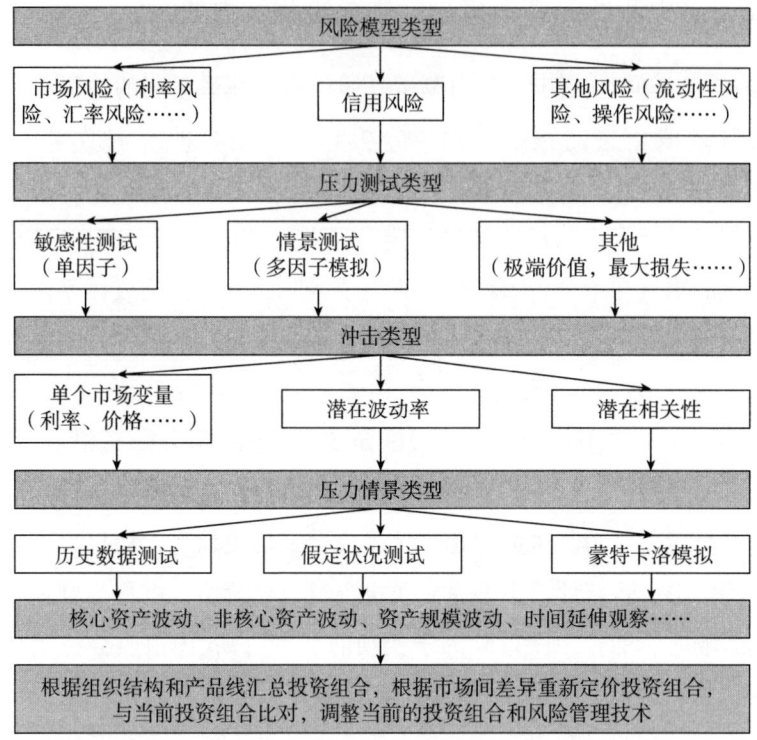

图 6-2　压力测试流程与方法

品风险、股票价格风险等)、信用风险或其他风险 (例如流动性风险、操作性风险等)。对同一资产组合或制度的所有风险因子同时进行压力测试是不实际的，因而需要聚焦于某几个重要的风险因子上，这不仅能使压力测试更有效，也能节省时间和精力、突出重点。

利率风险是指利率变动可能影响金融机构的资产、负债及表外项目价值的风险。汇率风险是指汇率变动可能影响金融机构的资产、负债及表外项目价值的风险。汇率风险可能是直接的 (金融机构买入或持有外汇头寸)，也可能是间接的 (金融机构债务人或交易对手持有的外汇头寸可能会影响他们的信誉)，甚至还有可能来自于本币头寸 (如果该本币头寸与汇率有关)。最常用的外汇风险暴露测度指标是机构净敞口外汇头寸，根据巴塞尔银行监管委员会的推荐，应包括净即期头寸、净远期头寸、确定会被要求履行且可能无法撤销的担保、尚未记入但已全部进行套期保值的未来收入/费用、以外币计算利润或损失的其他任何项目等。由于外汇风险暴露变化频率高且幅度大,因此压力测试的结果很容易过时,尤其是当压力测试基于监管报告或金融机构发布的年报时。为及时掌握汇率风险的新情况,必须用金融机构提供的新数据,同时补充从各种渠道获得的历史数据。商品风险指因商品价格变化而产生的银行资产、负债及表外项目的市场价格变化所导致的潜在损失。股票价格风险指股票价格变动影响金融机构资产、负债以及表外项目价值的风险。

信用风险是交易对手或债务人无法履行合同责任的风险。它指一项资产的现金流无法根据合同协议完全得到支付的风险。通常情况下,信用风险压力测试从收集信贷资产质量开始,如监管部门将其分为正常贷款和不良贷款。

其他风险中,资产流动性风险是指无法按照当前市场价格变现资产的风险(如减价出售);筹资流动性风险是指无法获得足够资金来及时履行支付责任的风险(缺乏筹资流动性经常被看作银行面临严重财务困难的关键信号)。

识别脆弱性可以通过观察金融机构(或金融制度)的指标来完成。可观察的指标有三大类:宏观水平指标(Macro-level Indicators)、结构指标(Structural Indicators)和金融稳定指标(Financial Soundness Indicators)。

举例来说,大多数银行的业务或资产组合都有利率风险,在选择测试对象时必须慎重。例如,若某银行利息收入的90%来自贷款,银行利息支出的90%来自存款。而利息净收入占总营业收入的比例为90%,压力测试的压力指标为盈利能力(或利润率),则利率风险测试的目标业务组合可以只选择贷款和存款业务,这个目标业务组合在利率极端不利变化下的测试结果将会很好地突出反映利率风险对银行盈利能力的极端不良影响。

以汇率风险压力测试为例。由于测试对象主要是测试机构中所含汇率头寸的汇率风险,因此,汇率风险的压力测试面临的首要问题是如何确定哪些头寸具有重大的汇率风险暴露。Blaschke 等(2001)建议从两个角度考虑：从公司的总体看是否很重要、头寸本身是否具有显著的风险敞口。这里可以参考巴塞尔银行监管委员会在确定资本要求时的原则，"外汇多头或空头两者取大后的价值超过了自有核心资本的100%，或者净外汇交易头寸超过了经济资本的2%"，则认为存在显著的外汇风险。由于目前国内商业银行的外汇风险不仅存在于银行持有的外汇头寸中，还存在于外汇衍生工具头寸中，所以不能因为看到金融机构表内的外汇风险较低就自动认为具有很低的外汇风险敞口。

（二）确定压力测试类型

在识别出金融机构或金融制度的脆弱性之后，需要针对这些脆弱性建立基准情景，确定压力测试的类型、压力因素和压力指标，包括测试单因素的敏感性分析，多因素的情景分析和其他类型（如极端值、最大损失等）。敏感性分析作为一种单一因素分析，主要考虑利率或者汇率等因素的变动对商业银行经营和风险承担能力的影响。各国金融机构对于上述因素变动幅度的设定是不同的。此分析方法的优点在于简单易行、操作性强，缺点则是执行者对于每一因素变动所取的幅度及范围必须十分恰当，否则将会影响分析的结果与判断，特别是对于非线性报酬率的资产组合，此种情况将更为显著。情景分析则通过模拟多项风险因素（如股价、汇率及利率）的压力情景，评估商业银行资产组合价值的变动。敏感测试方法会凸显具体风险因素对某个组合或业务部门的影响；情景分析法则评估压力测试包含的所有风险因素出现变动造成的整体影响。因此，商业银行较常采用后者以得出整体机构的压力测试结果。然而，好的情景分析必须有良好的宏观经济计量模型做支撑。目前，国外金融机构或是政府在进行压力测试时也是广泛地利用了宏观经济模型。例如，Espen Froyland 和 Kai Larsen（2002）在对挪威银行风险状况进行压力测试时就利用了 RIMINI 宏观经济模型。Glenn Hoggarth、John Whitley（2003）在对英国银行风险状况进行压力测试时采用了中等期限宏观经济模型（Medium-Term Macro-econometric Model，MTMM）。RIMINI 模型与 MTMM 模型都是针对自己国家经济情况而建立的宏观经济模型，然而不同的测试主体关心的压力测试目标不同,也会导致压力因素、压力指标和模型形式的不同。在确定压力因子时,还要根据不同的承压对象来分析,因为压力测试的核心是测试和分析极端不利情景出现时对承压对象的影响,如果承压对象是利润,则压力指标可以是利润之前的指标,如不良贷款率,也可以是更加基础的变量,如宏观经济。

银监会在《商业银行压力测试指引》中提出的信用风险的情景分类为:"针对信用风险可以采取的压力情景包括但不局限于以下内容:国内及国际主要经济体宏观经济出现衰退;房地产价格出现较大幅度向下波动;贷款质量恶化;授信较为集中的企业和同业交易对手出现支付困难;其他对银行信用风险带来重大影响的情况。"

压力测试过程中选取的风险/压力因子需要与日常风险管理相结合,压力测试中所用的压力指标往往是日常风险管理中也采用的风险管理指标。但同样的风险因子在正常经济条件下和在诸如金融危机等压力条件下的表现通常会有显著的不同。在经济正常时期,因子的预测相对容易,因为中短期内它们的表现不会有非常剧烈的变化。因此,在某种程度上可以通过过去的历史数据来预测未来的走势。然而,在压力条件下,风险因子的不可预测性增加,历史表现对预测的帮助微乎其微。这正是需要使用双管齐下的方法来进行风险管理的原因,一方面利用各种各样的定性和定量方法度量在正常经营状态下的风险,另一方面利用压力测试方法对压力情景下的可能损失进行量化研究。

(三) 确定冲击类型

无论哪种风险,都需要考虑压力因子的变化模式。压力因子的变化模式指的是冲击将改变压力因子的哪个或哪些参数。常用的参数有因子本身的水平(如股票价格、利率、汇率或宏观 GDP 及 CPI 等)、潜在波动率(如股票指数波动率、利率、汇率或宏观 GDP 及 CPI 等的波动率变化),或者多个变量的潜在相关关系(如市场上多个股票的协方差矩阵或各个宏观变量计量模型的协方差等)。在设计冲击类型时,可借鉴历史波动率水平上升的幅度。如果情景本身已是明确的冲击,如汇率在基准情景下上升

10%，或是房价在基准情景下下降30%，这时可以直接使用；如果情景较为模糊，如情景为汇率将会出现大幅波动时，就需要转化成具体的水平，可认定汇率分别下降10%、20%、30%或分别上升10%、20%、30%等；有时情景并不容易转化为具体的冲击，如情景为欧洲出现金融危机、某地区爆发大规模战争等，这时冲击往往很难被有效地构建出来。

(四) 确定压力情景类型

压力情景的生成方法可以有以下几种：

1. 历史情景法

历史情景法从已有的历史数据中选取最为极端不利的情景，这些情景可以是历史上最不利的情景，也可以按照分位点选择接近最差的情景。历史极端事件包括极端金融市场事件及引发了金融市场大幅震荡的政治、经济事件和自然灾害等。这些情景的选择依赖于测试主体的测试目的。

历史情景法可能是最直接、最直观的方法。相对其他方法来说，不需要太多的建模工作，即从历史数据中寻找风险变量的变化程度。例如，给定一段区间，观察相应变量的最大变化幅度或者与趋势相背离的程度，或者观察风险变量的波动程度，得到的不同区间的风险可以作为压力测试中风险变量变化的输入来监测如果同样的"灾难"重演，会给金融系统带来的损失。设计合理的压力情景，应该借鉴历史上经济动荡时期的实例。典型的极端金融事件有1987年10月的美国股市崩溃、1992年的欧洲货币危机、1994年债券价格的下跌、1995年墨西哥比索危机、1997年和1998年亚洲金融危机、2000年高科技泡沫破裂，以及2008年美国次贷危机引发的金融海啸；典型的引发金融市场动荡的政治事件有中东战争，它导致世界石油价格上升50%，美元贬值20%，美元利率上升1%。这些历史事件常用作构建金融市场未来极端情景的基础。

该法的优点是比较客观，利用历史事件及其实际风险因子波动情形，且风险因子之间的相关变化情形也可以历史数据作为依据，使模型假设性的情形降低许多。当然，历史情景在使用上有些先天的缺陷，一是需要进行压力测试的极端事件很有可能是历史上尚未出现过的；二是因为社会经济变迁，这种回溯（Backward Looking）的方法可能无法反映目前特有的市场结构和当今的经济环境。

2. 假设情景法

假设情景法是基于专家经验和判断，对驱动因子的压力情景进行设定。该方法结合了当今的社会和经济环境，压力情景具有前瞻性。在金融危机背景下，假设情景法具有特别重要的现实意义。该方法相对容易构造，但缺点也比较明显，一是结构化的多因子情景设计方法缺乏说服力；二是主观性较强，缺乏一个可以比较的基准，造成各机构间的压力测试结果难以进行统一比较。

3. 蒙特卡洛模拟法

蒙特卡洛模拟法主要用于信用风险、市场风险等领域。随着统计理论和计算机技术的发展和经济环境的快速变化，用统计建模方法设计情景，具有更加灵活、适应性强的优点。该方法可以任意假设风险因子的类型和变化模式，假设可能发生的事件以及影响程度，因此能够更加灵活地考察测试对象在各种风险来临时的损失表现，从而评定系统的风险暴露程度。蒙特卡洛模拟法也可以鼓励风险管理者向前看（Forward Looking）。其缺点是无法给出这些情景发生可能性的任何信息，可能会导致压力情景设计脱离实际的问题；而且，如果关心多个变量同时变化的影响，还需要根据经济或者金融的理论模型来建立变量之间的相关关系。

以上方法有时也可以结合起来使用。在目前国内缺乏历史数据的情况下，历史情景法和假设情景法结合起来不失为一种选择，即利用历史数据结合专家判断直接构造假设历史情景。

（五）在压力情景下重新进行资产组合评估

依照新压力情景重新进行资产组合评估。有了影响资产组合的风险因子及其变动大小后，便可依此数据对资产组合进行重新估价和汇总，计算出各种不同情景下核心资产、次要资产的价值，以及冲击的大小和时间跨度；再与资产组合现期价值比较，便可得出当目前资产组合面临此类压力情景时，无法立刻调整资产组合所发生的最大损失；最后得出对现期资产组合的调整建议和风险管理工具的选择。

各步骤间的逻辑关系如图 6-3 所示。

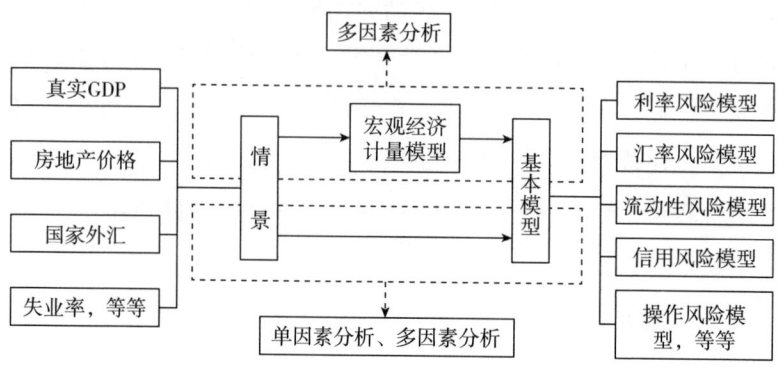

图 6-3　压力测试技术路线

三、压力测试的组织与实施

压力测试的组织与实施包括压力测试的发起、团队组建、流程展开、测试报告（包括压力测试决策、执行与反馈）等各个环节。

压力测试的发起。根据管理层的要求、内部风险管理的需要或外部监管机构的要求，发起压力测试。

团队组建。团队需要业务部门和信息技术管理部门的配合。团队成员应包括风险计量人员、信贷业务人员或交易员、信息技术管理人员，分别负责计量模型的建设、业务分析和数据采集与程序编写等工作。

流程展开。

测试报告。压力测试报告是体现压力测试结果的重要方式。通过测试报告，可以与管理层沟通压力测试所表达的潜在重大风险。压力测试报告的内容应包括但不限于：压力测试目的、测试过程（包括承压对象与承压指标、压力因素与压力指标、压力情景设计理由与设计结构、相关假设条件、数据来源、方法论与模型架构、压力传导机制）、测试结果、主要结论、对结论的分析以及相关政策建议。结论分析部分需重点关注压力情景下可能造成的损失或危害,或通过压力测试分析得出薄弱环节;政策建议部门需根据压力测试结论提出具体可操作的政策建议。压力测试报告上报管理层以后,管理层会审议压力测试报告,并视压力测试结果的严重程度决定由风险管理部门或业务部门采取制定应急预案、发布有关政策措施或出具风险提示书等多种措施。

测试结果的执行。牵头部门根据管理层决策意见制定应急预案,在符合触发条件时将应急预案呈报上级部门决定是否启动预案,并负责组织协调应急预案的贯彻执行。相关责任部门根据管理层决策意见,负责发布风险提示书,或执行和落实相关政策措施。

反馈。测试组织部门应根据压力测试的特点或在内外部环境发生重大转变时,及时进行压力测试跟踪评估。定期压力测试每年至少评估一次,不定期压力测试在压力测试完成后一年内做一次性评估,评估内容应包括:①压力测试评估。评估压力测试方法、假设,压力因素选择是否合理、充分,是否具有实用性,压力情景选择是否充分,并提出压力测试改进方案和研究方向。②应对机制评估。评估有关责任方是否按照决策意见贯彻落实应对措施和政策,政策措施是否可行、足够和有效,并提出政策改进建议。

四、压力测试的应用范畴

压力测试的结果与分析可侧重应用于以下几个方面:

第一,测量和评估异常但是可能发生的巨大损失事件对于投资组合的冲击。

第二,评估机构的风险承受特性,即风险容忍度。机构可以使用敏感性测试来计算其投资组合对于风险因素变化的敏感性水平。一些机构还使用压力测试来验证其 VaR 模型假设的概率分布是否适当。

第三,优化并检验经济资本配置,检验公司各类别投资组合所分配的资本是否充足及相应的资本配置的限制是否合理。压力测试是内部资本充足评估程序（ICAAP）的重要内容。当压力测试结果显示银行的资本不足以承担某种极端风险时，银行管理层应结合对市场发展的判断，适时募集更多的实际资本。同时，也可以通过经济资本分配的手段，对高风险业务加以控制。

第四，评估业务风险。压力测试的创新用途之一是应用于长期经营计划。一些机构不仅考虑压力事件对其资产负债表内及表外各项目价值变化的影响，而且还考虑到压力事件发生的随后几年收益来源所受到的影响。管理层据此能够了解这种类型的压力事件对其长期经营是不是潜在的严重威胁，进而判断其支撑长期业务经营的资本配置是否合理。

五、传统宏观压力测试方法评价

传统压力测试中，评估对风险因子（即风险来源，如市场风险、信用风险等）的脆弱性影响时，通常是用时间序列、横截面或面板数据计量模型来估计变量之间的关系。例如，市场风险损失常用资产价格变动率乘以金融机构持有的资产数额表示；信用风险损失需要先计量模型估计违约概率与宏观经济变量间的长短期关系，然后根据信用风险头寸计算信用风险损失。然而，在进行宏观金融稳健性的压力测试时，由于宏观经济、金融系统的复杂性，多部门、多市场交织在一起，传统的计量模型显现出力不从心的方面：

第一，评估对具体风险因子的脆弱性时，关键的是分析多部门、多市场间的交互反应。变量数据既包括直接影响，也包括间接影响。传统计量经济模型并不擅长刻画多部门、多市场间的经济联系，也无法描述多部门、多市场同时达到均衡的长期情况。

第二，宏观计量经济模型虽然也属于整体经济模型，可以考虑整个宏观经济系统下变量之间的关系，但是它只是通过经济变量之间的统计关系，概括地确定哪些变量应如何设置在模型方程中，缺乏相应的微观经济理论基础。所以，该模型在年度预测和中短期政策分析上效果不错，但难以模拟外部冲击或政策调整的长期影响。

第六章 开放条件下我国宏观金融稳健性监测：压力测试

第三，对计量经济模型而言，对数据的质量和数量均要求相当高。我国目前很多经济变量都没有充分长时间的、可靠的时间序列数据，不同时间段的数据往往存在不可比的情况，需要重新进行处理后才能适合计量经济学模型的分析。而且，改革开放后经济体制的重大变化等因素，也增加了计量经济学模型建模的难度。

第四，传统计量经济学模型很少考虑相对价格的重要性。

鉴于以上这些原因，基于传统计量经济模型进行的压力测试在实证中受到了诸多限制。一个改进的思路就是抛弃传统的计量经济学模型，转而通过模型来模拟真实宏观经济运行，在所刻画的系统中进行压力测试，观察在模拟宏观经济系统中冲击的影响。刻画多部门联系的代表性模型包括投入产出模型、SAM 模型、CGE 模型等。本章试图通过建立宏观金融的 CGE 模型来刻画宏观金融系统中多部门、多市场的交互联系，在这样的系统中进行压力测试，考察宏观经济、金融系统中的脆弱环节。

第二节 基于 CGE 模型的宏观金融压力测试模型

一、宏观经济系统的模拟：CGE 模型

宏观经济系统运行的复杂性吸引了众多的政策决策者和学者对各经济变量之间的数量关系进行研究，涌现出了大批的数量分析模型。"模型的目的在于把那些近似不变或者相对恒定的因素同那些暂时的波动性因素分离开来，以便发展出一套逻辑思维方式来分析后者，并理解它们在特定情形下所导致的时间序列。经济学中的进步几乎全部体现在模型选择方面的不断改进上。"传统的计量经济学模型和统计模型侧重于探讨指标数量之间的数学关系，试图从这种数量关系中探寻宏观经济指标之间的相互影响规律（见图 6-4）。

自从 19 世纪法国古典经济学家瓦尔拉斯提出一般均衡理论之后，出现

了一种另辟蹊径的经济数学模型——CGE 模型。CGE 模型以整个国民经济体系为分析对象，用一系列描述经济各部门之间行为和关系的错综复杂的变量和方程体系来模型宏观经济系统的运行过程；模型的解是由所有市场同时达到均衡时的价格决定的，当模型的一个变量受到扰动时，其他所有变量就会同时做出不同程度的反应。所以，CGE 模型与传统的数量分析模型不同，它不是直接考察指标数据之间的关系，而是通过模拟经济系统的运行，观察一个变量的变动会导致整个经济系统如何变动，从而间接地描绘指标之间的关系。正是由于 CGE 模型"由经济关系到数量关系"的特点，因此它可以通过改变适当的内、外生变量的属性来模拟在特定条件下不同的政策趋向，成为政府制定经济和社会政策时不可缺少的模拟工具，其已经在许多国家和国际组织中得到广泛应用。

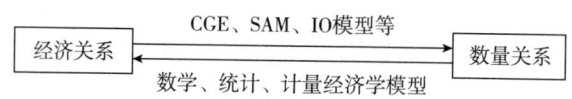

图 6-4　不同模型的逻辑思想

相对传统的计量经济模型，CGE 模型具有如下优势：

首先，CGE 模型的一般均衡框架使它能够描述多个市场和部门的相互作用，可以估计某一特殊政策变化带来的直接和间接影响，以及对经济整体全局性的影响，而且 CGE 模型通常对结构有着详细的描述，这些结构包括生产结构、就业结构、贸易结构等，还可以进一步细分产业部门和居民家庭，具有非常高的灵活性。

其次，当价格、经济结构和宏观经济现象都是重要的影响因素时，CGE 模型是一个非常有效的政策分析工具。对不同政策选择的争论可以最终归结为 CGE 模型在行为假设模型参数和所考虑的政策目标方面的差异，来观察 CGE 模拟的多部门系统重新达到均衡状态时所有变量的相应变动，以此来模拟外部政策变化或外来冲击对经济整体的全部影响。这个影响是多部门、多市场间的交互反应，也正是宏观金融稳健性压力测试所感兴趣的。这一模型可以作为政策分析人员和决策者之间沟通的桥梁。

再次，CGE 模型有着清晰的微观经济结构和宏观、微观变量之间的内在联系，包括对因果关系和行为机制的描述，具有坚实的宏、微观经济理论基础。CGE 模型不再是一个"黑箱"，而是一个可以解释的理论框架。

最后，CGE 模型强调相对价格的重要性。CGE 模型是用一组方程来描述供给、需求和市场间的联系。在这组方程中，不仅商品和生产要素是变量，所有的价格（包括商品价格、工资、资本、利润率等）都是变量，并且在一系列优化条件（如生产者利润最大化、生产成本最小化、消费者效用最大化等）的约束下，求解这一方程组，得到在各个市场都达到均衡时的一组价格和数量。

出于 CGE 模型的以上优势，本章试图建立我国宏观金融 CGE 模型，在 CGE 模拟的宏观经济系统下，模拟某些场景下经济和金融系统的表现，从而寻找脆弱性环节。困难的是，目前已有的大部分 CGE 模型并没有把金融部门和金融工具包括进去。这些 CGE 模型被称为实体 CGE 模型，它们可以用来分析和模拟财政、贸易、环境等政策导致的影响，但是不足以分析和模拟金融政策变化导致的金融与实体部门之间的相互作用。在金融工具日益多元化、金融结构日益深化、金融政策影响日益增强的条件下，将金融工具、金融市场引入可计算一般均衡模型进行政策分析和模拟，成为一个富有挑战的问题，尤其是对中国而言。

二、宏观金融 CGE 模型假设与逻辑框架

CGE 模型并没有完全统一的框架，一般由问题驱动。本章构建的中国金融 CGE 模型实体方面的核心框架基本上是标准的，与详细的投入产出表和国民经济核算理论相对应。模型包括以下几个模块：生产模块（包括投入决策模块、产出决策模块）、国内最终需求模块（包括住户需求、投资需求、政府需求）、收入与支出模块、贸易模块、资产组合模块、市场出清及闭合模块。模型把可计算一般均衡模型的优化行为与宏观经济学模型的资产组合选择行为结合在一起，刻画了经济中金融市场的作用。在模型中，产品市场与要素市场假定为充分竞争的，产品需求函数和要素供给函

数追求效用最大化原则。该模型是递归动态的,一系列单一时期静态均衡通过资本积累连接起来。通过模拟某些变量的变化,导致均衡解的变动,研究宏观金融系统对某些因子变动所能承受的限度,以达到压力测试的目的。考虑到模型的实际情况,模型中单个中间品之间也不存在替代可能,而是所有中间品以固定比例(A_{ij})被用来生产一单位总产出(X_{ij})。各种劳动之间不存在替代可能性。模型中未对资本进行分类,劳动和资本之间存在某种程度的替代性,模型中中间投入需求、消费需求、投资需求、政府购买是进口品与国产品的合成品,但是在这四类需求中没有分别区分进口品需求和国产品需求,而是区分了进口品的总需求与国产品的总需求,并且它们之间用CES函数合成。在古典国际贸易理论中,常假定:①某个国家在世界市场上是价格接受者,②国内生产的商品是出售在世界市场上的商品的完全替代品。在该模型中放松了第二个假定,因为国产品和进口品之间经常存在着某种差异,因此假定进口品和国产品之间具有不完全替代弹性,三种产品的进口需求与国产品需求之间的替代弹性不同。在出口方面,古典贸易理论假定:一个小国面临一个出口品的完全弹性需求,但是这种假定对目前的中国是不太现实的,可能能够用出口品影响世界价格,这样可能面临着下降的市场份额,比如说国内价格上涨。为把这个反映出来,模型中把出口确定为面临固定弹性需求函数。

下标i和j表示商品和活动,de表示经济主体;活动部门分为第一产业、第二产业、第三产业;模型中大写字母为内生变量、参数,小写字母、前期的量为外生变量。

本模型还有一些设定:首先,模型中包含的金融资产种类为存款、贷款、证券、其他金融工具。对于模型中的证券,它是一个整体称呼,具体而言,证券包括国债、企业债、央行债券、金融债券、股票、基金等。对于某个机构而言,不管它拥有证券中的一种还是几种,本书都把它们统称为"证券"。其他金融工具包括除存款、贷款、证券外的金融资产。

其次,根据金融行为特征的不同,模型划分为六大经济部门:居民、政府、中央银行、商业银行及其他金融机构、非金融机构、国外。国民经济核算中把中央银行和其他金融机构统一划入"金融公司",但两者金融行为特征不同,扮演角色不同,因此将两者分开。商业银行包括国有商业银行、股份制商业银行、农村信用社、城市信用社、外国银行等;其他金融机构包括证券公司、基金公司、保险公司、政策性银行(国家开发银行、中国进出口银行、中国农业发展银行)、财务公司、金融租赁公司、信托公司等。

再次,模型假设金融资产之间具有不完全替代性,机构对金融资产组合的选择采用 CES 函数。

最后,模型中的各类机构的存款利率都相等;对每类机构都假定了一个证券收益率,把它设为各种证券收益率的加权平均;证券中包含的金融资产所占证券的比重为权重。

设计中国金融 CGE 模型结构如图 6-5 所示。模型描述的经济关系如图 6-6 所示。

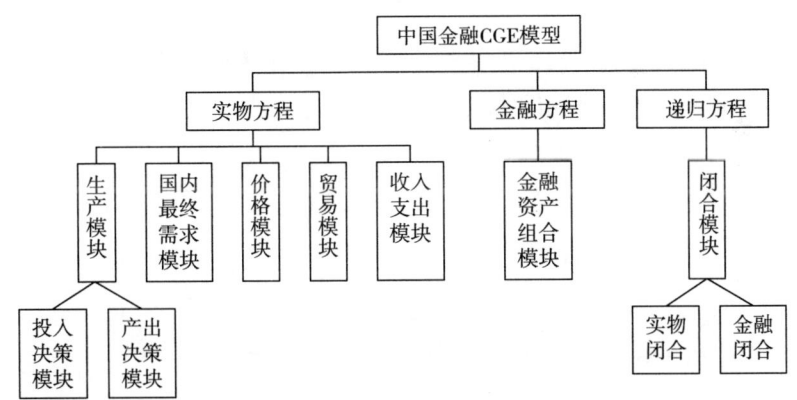

图 6-5 中国金融 CGE 模型构成

三、宏观金融 CGE 模型的模型框架

(一) 生产模块

1. 投入决策模块

模型中,假设每个生产部门通过使用合成品(进口品和国产品)、劳

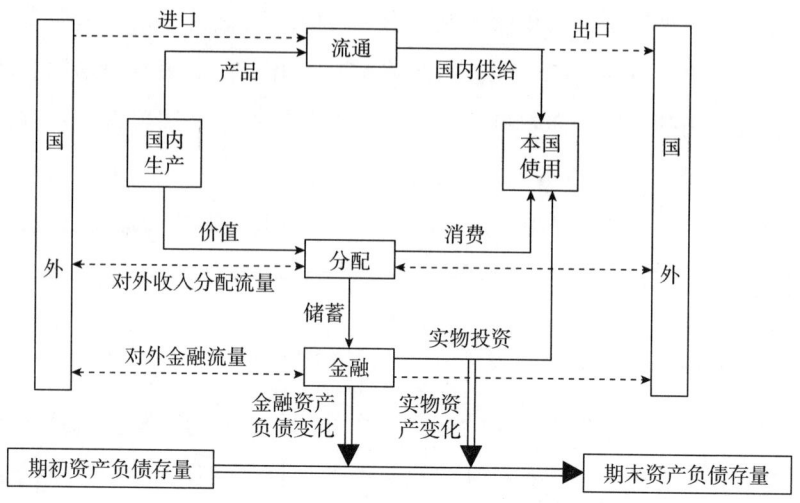

图 6-6　金融 CGE 模型部门间经济联系

动、资本等要素投入，生产一种用于内销或出口的商品与服务。这种多投入、多产出的生产假定，在系列可分析假设下，意味着各部门的总产出是各种投入之间的两层嵌套的不变替代弹性生产函数的结合：各部门的总产出是出口品和内销品之间的不变转换型函数。在生产过程中，由于不能进行价格决策，每个生产部门不得不进行投入构成决策和产出构成决策。鉴于此，模型假设每个生产部门的投入决策在给定的生产技术条件下，按成本最小化原则确定其与相应产出水平相适应的有效投入及构成；假设每个生产部门的产出决策在生产可能性边界约束下，按收入最大化原则确定该部门产出中用于内销和出口的相对份额或构成。在第一层次上是合成商品中间投入和生产要素投入的列昂惕夫函数。在第二层次上，生产要素投入是劳动、资本等要素投入的 CES 函数，从而允许劳动、资本等要素之间的不完全替代。在规模收益不变的假设下，各部门的总产出不能由生产者决定，而是由均衡条件所决定。因此，生产者需要进行投入决策，要在该部门的总产出均衡条件决定的条件下，选择中间投入和要素投入水平，使生产成本最小化。

$$\min \sum_i PQ_i \times QX_{ij}^{(1)} + (WL_j QL_j + WK_j QK_j)$$

s.t. $QX_j = \min[QX_{ij}^{(1)}/a_{ij}, i=1, \cdots, n; CES(QL_j, QK_j)/a_j^F]$

$CES(QL_j, QK_j) = \beta[\delta_j^0 \times (QL_j)^{-\rho_j^0} + (1-\delta_j^0) \times (QK_j)^{-\rho_j^0}]^{\frac{1}{\rho_j^0}}$ $\sigma_j^0 = \frac{1}{1+\rho_j^0}$; $\sigma_j^0 > 0$

对上面的式子求解可以得到：

$$QX_{ij}^{(1)} = a_{ij} QX_j \tag{6.1}$$

$$QL_j = a_j^F QX_j \left[\beta_j \cdot \delta_j^0 + \beta_j \cdot (1-\delta_j^0) \cdot \left(\frac{\delta_j^0}{1-\delta_j^0}\right)^{1-\sigma_j^0} \left(\frac{WK_j}{WL_j}\right)^{1-\sigma_j^0}\right]^{-1} \tag{6.2}$$

$$QK_j = a_j^F QX_j \left[\beta_j \cdot (1-\delta_j^0) + \beta_j \cdot \delta_j^0 \cdot \left(\frac{1-\delta_j^0}{\delta_j^0}\right)^{1-\sigma_j^0} \left(\frac{WL_j}{WK_j}\right)^{1-\sigma_j^0}\right]^{-1} \tag{6.3}$$

其中，QX_j 为部门 j 的总产出；QX_{ij} 为部门 j 的中间投入；QL_j 为部门 j 的劳动要素的投入需求；QK_j 为部门 j 的资本要素的投入需求；PQ_i 为中间投入品 i 的价格；WL_j 为劳动投入的工资；WK_j 为资本投入的租金；a_{ij} 为中间投入系数；a_j^F 为要素投入系数；β_j 为 CES 函数的效率系数；σ_j^0 为 CES 函数的不变替代函数；ρ_j^0 为 CES 函数的替代弹性的转换形式；δ_j^0 为份额比例。

式（6.1）表示：产业 j 对中间投入合成品 i 的需求（$QX_{ij}^{(1)}$），按产业 j 总产出的直接比例确定。式（6.2）和式（6.3）表示：在均衡条件下，产业 j 对劳动和资本要素的有效需求，由产业 j 的有效总产出水平和劳动与资本的相对价格所决定，价格项表明允许劳动和资本之间的不完全替代。

2. 产出决策模块

产品用于内销和出口，生产者通过对内销和出口进行比例分配使其销售收入达到最大化。假设商品 i 的总产出 QX_i 中分别有 $QX_i^{(D)}$ 和 $QX_i^{(E)}$ 用于内销和出口，则收入最大化问题可以用数字形式表示为：

max $P_i^{(DS)} QX_i^{(D)} + P_i^{(E)} QX_i^{(E)}$

s.t. $QX_i = CET(QX_i^{(D)}, QX_i^{(E)})$

$QX_i = a_i^t [\delta_i^t \times (QX_i^{(D)})^{\rho_i^t} + (1-\delta_i^t) \times (QX_i^{(E)})^{\rho_i^t}]^{\frac{1}{\rho_i^t}}$

$\sigma_i^t = \frac{1}{\rho_i^t - 1}$ $\sigma_i^t > 0$

对上式求解可得到商品 i 的出口量、内销量分别为：

$$QX_i^{(E)} = QX_i \left[a_i^t \cdot (1-\delta_i^t) + a_i^t \cdot \delta_i^t \left(\frac{1-\delta_i^t}{\delta_i^t}\right)^{1+\sigma_i^t} \left(\frac{P_i^{(DS)}}{P_i^{(E)}}\right)^{1+\sigma_i^t} \right]^{-1} \quad (6.4)$$

$$QX_i^{(D)} = QX_i \left[a_i^t \cdot \delta_i^t + a_i^t \cdot (1-\delta_i^t) \left(\frac{\delta_i^t}{1-\delta_i^t}\right)^{1+\sigma_i^t} \left(\frac{P_i^{(E)}}{P_i^{(DS)}}\right)^{1+\sigma_i^t} \right]^{-1} \quad (6.5)$$

其中，$QX_i^{(D)}$ 为国内生产的产品 i 在国内的供给量/需求量；$QX_i^{(E)}$ 为国内生产的产品 i 出口到国外的量；QX_i 为国内生产的产品 i 的供给量；$P_i^{(DS)}$ 为商品 i 的国内生产者价格；$P_i^{(E)}$ 为商品 i 出口的国内价格（以人民币计算）；a_i^t 为效率参数；δ_i^t 为国内销售品所占的比例；σ_i^t 为不变转换弹性；ρ_i^t 为不变转换弹性的转换形式。

式（6.4）和式（6.5）表明，出口和内销品供给量都是国内品与出口品之间相对价格的函数。

（二）国内需求模块

1. 投资需求

模型假设投资者（政府和企业、住户、商业银行）使用进口品的合成资本品，投资者是价格接受者，在规模收益不变的列昂惕夫生产技术约束下使成本最小化。投资者 de 所需要的投资品 $QX_{de}^{(2)}$ 是合成品的列昂惕夫函数，假设这些投资品为 $QX_{i,de}^{(2)}$，则最小化问题为：

$$\min \sum_i PQ_i QX_{i,de}^{(2)}$$

s.t. $QX_{de}^{(2)} = \min[QX_{i,de}^{(2)}/a_{i,de}^{(2)}, \ i=1, \cdots, n]$

对上述最小化问题求解，可以得到：

$$QX_{i,de}^{(2)} = a_{i,de}^{(2)} QX_{de}^{(2)}, \quad \sum_i a_{i,de}^{(2)} = 1 \quad (6.6)$$

$$CPK_{de} = \sum_i a_{i,de}^{(2)} PQ_i \quad (6.7)$$

$$QX_{de}^{(2)} = \frac{\sum_i PQ_i QX_{i,de}^{(2)}}{CPK_{de}} \quad (6.8)$$

其中，$QX_{i,de}^{(2)}$ 为投资者 de 对产品 i 的合成投资需求；$QX_{de}^{(2)}$ 为投资者 de

的总实际投资需求；CPK_{de} 为投资者 de 所需要的投资品总价格；$a_{i,de}^{(2)}$ 为投资者 de 对产品 i 需求的技术系数。

式（6.6）说明投资者 de 对投资合成品 i 的实际需求按其总投资的比例确定；式（6.7）表明投资者所需要的投资合成品的价格为所需产品的加权平均价格；式（6.8）为投资者 de 的实际总投资；

2. 住户消费需求

模型假设住户消费需求的合成商品构成由预算约束和效用最大化原则决定，住户的函数分别采用 Stone-Geary 效用函数，不同合成商品之间不完全替代，得出住户最终需求为合成商品的线性支出函数（LES）。住户的最终消费需求是各种合成商品的 Stone-Geary 效用函数。

住户对合成品 i 的需求为 $QX_i^{(3)}$，住户的效用最大化问题，即 Stone-Geary 函数为：

$$\max \quad U_h = \sum_{i=1}^{n} \delta_{ih} \ln(QX_{ih}^{(3)} - \gamma_{ih})$$

$$\text{s.t.} \quad \sum_{i=1}^{n} PQ_i \cdot QX_{ih}^{(3)} = E_{ih}$$

解上述方程可以得到线性支出系统函数（LES）：

$$QX_i^{(3)} = \gamma_i + \delta_i \frac{E_h - \sum_i PQ_i \gamma_i}{PQ_i} \tag{6.9}$$

其中，h 为住户；U_h 为住户 h 从消费中得到的效用；E_h 为住户 h 的消费支出；$QX_{ih}^{(3)}$ 为住户 h 对合成品 i 的消费需求；PQ_i 为合成品 i 的价格；δ_{ih}、γ_{ih} 分别为住户 h 对商品 i 的消费份额参数、住户 h 对商品 i 的基本需求，$\sum_{i=1}^{n} \delta_{ih} = 1$。

3. 政府消费需求

本模型假定政府对 i 商品和服务的需求为外生，为政府实物支出的一个比例。

$$QX_i^{(4)} = \mu_i gc \tag{6.10}$$

其中，$QX_i^{(4)}$ 为政府对商品和服务 i 的总需求；μ_i 为政府对商品和服务

i 的总需求占政府支出的份额；gc 为政府支出。

（三）价格模块

在基期把所有的价格都定为 1。在 CGE 模型中，由于求解得到的是商品和要素的相对价格，需要选定一个价格作为基准（Numeraire），其他价格相对于它来计算。在本书建立的金融可计算一般均衡模型中，按照惯例，选择汇率作为计价基准。

$$P_i^{(M)} = \overline{PW}_i^M \times (1+tmx_i) \times exr \tag{6.11}$$

$$P_i^{(E)} = \overline{PW}_i^E \times (1+tex_i) \times exr \tag{6.12}$$

$$PX_i = \frac{P_i^{(DS)} \times QX_i^{(D)} + P_i^{(E)} \times QX_i^{(E)}}{QX} \tag{6.13}$$

$$PQ_i = \frac{P_i^{(D)} \times QX_i^{(D)} + P_i^{(M)} \times QX_i^{(M)}}{QQ_i} \tag{6.14}$$

$$P_i^{(D)} \times QX_i^{(D)} = P_i^{(DS)} \times QX_i^{(D)} \times (1+ts_i) \tag{6.15}$$

$$PX_i(1-t_i) = \sum_j PQ_j \times a_{ij} + PV_i \tag{6.16}$$

$$PINDX = \frac{GDPN}{GDPR} \tag{6.17}$$

其中，$QX_i^{(M)}$ 为对产品 i 的进口需求量；QQ_i 为对产品 i 的总需求；$P_i^{(M)}$ 为产品 i 的国内价格；PX_i 为产品 i 的总供给价格；PV_i 为增加值的价格；$P_i^{(D)}$ 为产品 i 的消费者价格；$PINDX$ 为价格指数；$GDPN$、$GDPR$ 分别为名义 GDP、实际 GDP；$\overline{PW}_i^E$、$\overline{PW}_i^M$ 分别为出口品 i 的离岸外币价格（以美元计算）和进口品的国际平均价格（以美元计算）；exr 为汇率；tex_i、tmx_i、ts_i、t_i 分别为出口退税率或补贴率、进口税率、销售税率、间接税率。

（四）国际贸易模块

1. 出口需求

关于出口需求（世界其他国家对中国产品的需求），古典贸易理论假定小国面临完全弹性的出口需求，该出口需求不会影响世界价格，且国内

价格上升会引起该产品所占世界市场份额下降,反之亦然。利用该理论,该模型假定出口需求面临固定弹性需求函数:

$$QX_i^{(5)} = \overline{QW}_i^{(5)} \left[\frac{P_i^{(E)}}{pwe_i \times (1+tex_i) \times exr} \right]^{\sigma_i^5} \tag{6.18}$$

其中,$QX_i^{(5)}$ 为产品 i 的出口需求;$\overline{QW}_i^{(5)}$ 为按照美元计算的产品 i 的出口需求;pwe_i 为商品 i 的加权世界平均价格;σ_i^5 为出口弹性。

2. 进口需求

模型中的进口需求包括中间投入品进口需求、住户最终消费进口需求、投资进口需求,由 CES 函数得到,这几部分需求总和即为总的进口需求。假定对商品的总需求为国内需求和进口需求的 CES 合成函数:

$$QQ_i = \alpha_i \left[\delta_i^d \times (QX_i^{(D)})^{-\rho_i^d} + (1-\delta_i^d) \times (QX_i^{(M)})^{-\rho_i^d} \right]^{\frac{1}{\rho_i^d}}, \quad \sigma_i^d = \frac{1}{\rho_i^d + 1} > 0$$

结合式(6.14)可得:

$$QX_i^{(M)} = QQ_i \left[a_i \cdot \delta_i^d + a_i \cdot (1-\delta_i^d) \left(\frac{\delta_i^d}{1-\delta_i^d} \right)^{1-\sigma_i^d} \left(\frac{P_i^{(D)}}{P_i^{(M)}} \right)^{1-\sigma_i^d} \right]^{-1} \tag{6.19}$$

$$QX_i^{(D)} = QQ_i \left[a_i \cdot (1-\delta_i^d) + a_i \cdot \delta_i^d \left(\frac{1-\delta_i^d}{\delta_i^d} \right)^{1-\sigma_i^d} \left(\frac{P_i^{(M)}}{P_i^{(D)}} \right)^{1-\sigma_i^d} \right]^{-1} \tag{6.20}$$

其中,σ_i^d 为对商品 i 的总需求中国内商品所占的份额;a_i 为 CES 函数效率参数;σ_i^d 为国内需求品 d 和进口品 i 之间的弹性;ρ_i^d 为替代弹性的转换形式。

假定进口供给(世界其他国家对中国的出口)价格是完全弹性的,由国内需求确定,进口品的世界价格由外生给定,中国处于价格接受者的地位。

式(6.19)和式(6.20)表明,进口需求和国内需求都为国内品与出口品之间相对价格的函数。

(五)各类机构和金融资产组合模块

本模型的研究目的是用 CGE 模型对宏观金融体系进行压力测试,在模型中金融资产包括存款、贷款、证券、其他金融工具(除前三种金融资产外的金融工具）。证券包括国债、企业债券、央行债券、金融债券、股票。对于某个机构而言，不管它拥有证券中的一种还是几种，都把它统称为"债券"；其他金融工具包括货币现金、外汇储备、金融机构对央行的准备金、金融机构往来、国外资产、国外直接投资等除以上三种金额工具外的金融工具。由资金流量表（金融交易账户）可知，央行发行的金融债券只被金融机构自身拥有，故本模型假定央行拥有金融债券；金融机构只在国外有存款，故假定中央银行没有实物资本。各类机构对金融资产组合的选择采用 CES 函数。

假设这些金融资产的单位收益为存款：i_{dep}；贷款：i_{lon}；证券：i_{sec}；其他金融工具：i_{otf}；rw_{de} 为机构 de 金融资产的加权收益（以各机构的金融资产存量为权重），把（i_{dep}/rw_{de}）、（i_{otf}/rw_{de}）等写作 r_{dep}^{de}，r_{otf}^{de} 等，作为各金融资产对应的相对收益。例如：$rw_{sh}=i_{dep}\times u_{dep,uh}+i_{sec}\times u_{sec,uh}+i_{otf}\times u_{otf,uh}$。以下各类机构的金融资产的收益率的相关计算与此相同。

对于各类机构而言，从贷方（负债）角度看，资产=负债+净财富：

$$ASS_{de}=FLBT_{de}+NW_{de}$$

从借方（资产）角度看，有实物资本投资的部门，资产=各类金融资产+名义实物资本存量：

$$ASS_{de}=FLBT_{de}+K_{de}^{N}$$

对于没有实物资本投资的部门，总资产就是金融资产。

期末名义资本存量（K_{de}^{N}）由期初资本存量（K_{de}^{pp}）减资本折旧（DEV_{de}）和名义投资（IN_{de}）组成。

$$K_{de}^{N}=(K_{de}^{pp}-DEV_{de})\times CPK_{de}+IN_{de} \qquad (6.21)$$

其中，CPK_{de} 为资本当期价格。

$$DEV_{de}=der\cdot K_{de}^{pp} \qquad (6.22)$$

其中，der 为折旧率。

$$IN_{de}=CPK_{de}\times QX_{de}^{(2)} \qquad (6.23)$$

1. 住户金融资产

模型假定居民的金融资产为存款（包括活期存款、定期存款和外汇存款）和证券（包括企业债券、股票和国债）及其他金融工具（货币现金），金融负债为从商行的贷款。

$$FASS_h = NW_h + FLBT_h - K_h^N \tag{6.24}$$

$$NW_h = NWP_h + \Delta SV_h \tag{6.25}$$

$$FLBT_h = LON_h \tag{6.26}$$

则住户从这些资产中获得的利益的效用最大化问题为：

$$\max \quad U = \left[\delta_h^{dep}(r_{dep}^h DEP_h)^{-S_h} + \delta_h^{otf}(r_{otf}^h OTF_h)^{-S_h} + \delta_h^{sec}(r_{sec}^h SEC_h)^{-S_h} \right]^{-\frac{1}{S_h}}, \Psi_h = \frac{1}{S_h + 1} > 0$$

s.t. $FASS_h = DEP_h + OTF_h + SEC_h$

求解上述最大化问题，可以得出住户对各类资产的持有量：

$$q_h = (\delta_h^{dep})^{\psi_h}(r_{dep}^h)^{\psi_h-1} + (\delta_h^{otf})^{\psi_h}(r_{otf}^h)^{\psi_h-1} + (\delta_h^{sec})^{\psi_h}(r_{sec}^h)^{\psi_h-1} \tag{6.27}$$

$$\phi_h^{dep} = (\delta_h^{dep})^{\psi_h} \frac{(r_{dep}^h)^{\psi_h-1}}{q_h}, \quad 则：DEP_h = FASS_h \phi_h^{dep} \tag{6.28}$$

$$\phi_h^{sec} = (\delta_h^{sec})^{\psi_h} \frac{(r_{sec}^h)^{\psi_h-1}}{q_h}, \quad 则：SEC_h = FASS_h \phi_h^{sec} \tag{6.29}$$

$$\phi_h^{otf} = (\delta_h^{otf})^{\psi_h} \frac{(r_{otf}^h)^{\psi_h-1}}{q_h}, \quad 则：OTF_h = FASS_h \phi_h^{otf} \tag{6.30}$$

2. 非金融机构的金融资产组合

假设企业采用 CES 函数进行融资成本最小化，企业本期的负债＝企业本期的金融资产＋期末实物资本存量－本期净财富，企业本期的金融资产＝存款－其他金融工具，存款包括活期、定期、外汇、其他组成，它们存储在商业银行、央行和国外。企业的负债在贷款、证券（企业债券、股票）、其他金融工具之间进行分配。

$$FLBT_{ep} = FASS_{ep} + K_{ep}^N - NW_{ep} \tag{6.31}$$

$$FASS_{ep} = DEP_{ep} + OTF_{ep}^a \tag{6.32}$$

$$NW_{ep} = NWP_{ep} + \Delta SV_{ep} \tag{6.33}$$

设 r_{lon}^{ep}、r_{otf}^{ep}、r_{sec}^{ep} 为企业对这些金融负债支付的相对单位成本。

企业最小化成本为：

$$\min \quad C = [\delta_{ep}^{lon}(r_{lon}^{ep}LON_{ep})^{-S_{ep}} + \delta_{ep}^{otf}(r_{otf}^{ep}OTF_{ep}^{l})^{-S_{ep}} + \delta_{ep}^{sec}(r_{sec}^{ep}SEC_{ep})^{-S_{ep}}]^{-\frac{1}{S_{ep}}}$$

$$\text{s. t.} \quad FLBT_{ep} = LON_{ep} + SEC_{ep} + OTF_{ep}^{l}$$

求解上述最小化问题可以得出：

$$q_{ep} = (\delta_{ep}^{lon})^{\psi_{ep}}(r_{lon}^{ep})^{\psi_{ep}-1} + (\delta_{ep}^{otf})^{\psi_{ep}}(r_{otf}^{ep})^{\psi_{ep}-1} + (r_{sec}^{ep})^{\psi_{ep}-1}(\delta_{ep}^{sec})^{\psi_{ep}} \tag{6.34}$$

$$\phi_{ep}^{lon} = (\delta_{ep}^{lon})^{\psi_{ep}} \frac{(r_{lon}^{ep})^{\psi_{ep}-1}}{q_{ep}}, \quad 则: LON_{ep} = FLBT_{ep}\phi_{ep}^{lon} \tag{6.35}$$

$$\phi_{ep}^{otf} = (\delta_{ep}^{otf})^{\psi_{ep}} \frac{(r_{otf}^{ep})^{\psi_{ep}-1}}{q_{ep}}, \quad 则: OTF_{ep} = FLBT_{ep}\phi_{ep}^{otf} \tag{6.36}$$

$$\phi_{ep}^{sec} = (\delta_{ep}^{sec})^{\psi_{ep}} \frac{(r_{sec}^{ep})^{\psi_{ep}-1}}{q_{ep}}, \quad 则: SEC_{ep} = FLBT_{ep}\phi_{ep}^{sec} \tag{6.37}$$

3. 央行的资产组合

央行的金融资产包括各种贷款（政府贷款、商业银行贷款）、其他金融工具（外汇储备）和证券（金融债券），央行金融资产由负债和净财富组成，负债证券（央行债券）+存款（非金融机构和政府存款）+其他金融工具（发行的货币、存款准备金、国外负债）。

$$FASS_{ceb} = FLBT_{ceb} + NW_{ceb} \tag{6.38}$$

$$FLBT_{ceb} = SEC_{ceb}^{l} + DEP_{ceb} + OTF_{ceb}^{l} \tag{6.39}$$

$$NW_{ceb} = NWP_{ceb} + \Delta SV_{ceb} \tag{6.40}$$

央行从这些金融资产中获得收益的效用最大化问题为：

$$\max \quad U = [\delta_{ceb}^{otf}(r_{otf}^{ceb}OTF_{ceb}^{a})^{-S_{ceb}} + \delta_{ceb}^{lon}(r_{lon}^{ceb}LON_{ceb})^{-S_{ceb}} + \delta_{ceb}^{sec}(r_{sec}^{ceb}SEC_{ceb}^{a})^{-S_{ceb}}]^{-\frac{1}{S_{ceb}}}$$

$$\text{s. t.} \quad FASS_{ceb} = LON_{ceb} + OTF_{ceb}^{a} + SEC_{ceb}^{a}$$

求解上述最大化问题可以得出各种资产的持有量：

$$q_{ceb} = (\delta_{ceb}^{otf})^{\psi_{ceb}}(r_{otf}^{ceb})^{\psi_{ceb}-1} + (\delta_{ceb}^{lon})^{\psi_{ceb}} r_{lon}^{\psi_{ceb}-1} + (\delta_{ceb}^{sec})^{\psi_{ceb}}(r_{sec}^{ceb})^{\psi_{ceb}-1} \tag{6.41}$$

$$\phi_{ceb}^{otf} = (\delta_{ceb}^{otf})^{\psi_{ceb}} \frac{(r_{otf}^{ceb})^{\psi_{ceb}-1}}{q_{ceb}}, \quad 则: OTF_{ceb}^{a} = FASS_{ceb}\phi_{ceb}^{otf} \tag{6.42}$$

$$\phi_{ceb}^{lon} = (\delta_{ceb}^{lon})^{\psi_{ceb}} \frac{r_{lon}^{\psi_{ceb}-1}}{q_{ceb}}, \quad 则: LON_{ceb} = FASS_{ceb}\phi_{ceb}^{lon} \tag{6.43}$$

$$\phi_{ceb}^{sec} = (\delta_{ceb}^{sec})^{\psi_{ceb}} \frac{(r_{sec}^{ceb})^{\psi_{ceb}-1}}{q_{ceb}}, \quad 则: SEC_{ceb}^{a} = FASS_{ceb}\phi_{ceb}^{sec} \quad (6.44)$$

4. 商业银行及其他金融机构的资产组合

商业银行的金融资产=负债+净财富−实物资本，金融资产在贷款（住房贷款、非住房贷款、政府贷款）、其他金融工具（准备金、货币、国外资产）、证券（央行债券、企业债券、股票、国债）之间分配，负债由存款（住户存款、非金融机构存款、政府存款）、其他金融工具（国外负债）、证券（金融债券）、从央行的贷款构成。

$$FASS_{cob} = FLBT_{cob} + NW_{cob} - K_{cob}^{N} \quad (6.45)$$

$$FLBT_{cob} = DEP_{cob} + OTF_{cob}^{l} + SEC_{cob}^{l} + LON_{cob}^{l} \quad (6.46)$$

$$NW_{cob} = NWP_{cob} + \Delta SV_{cob} \quad (6.47)$$

商业银行从这些金融资产的收益中获得效用的最大化问题为：

$$\max \quad U = [\delta_{cob}^{lon}(r_{lon}^{cob}LON_{cob}^{a})^{-S_{cob}} + \delta_{cob}^{otf}(r_{otf}^{cob}OTF_{cob}^{a})^{-S_{cob}} + \delta_{cob}^{sec}(r_{sec}^{cob}SEC_{cob}^{a})^{-S_{cob}}]^{-\frac{1}{S_{cob}}}$$

$$s.t. \quad FASS_{cob} = LON_{cob}^{a} + OTF_{cob}^{a} + SEC_{cob}^{a}$$

求解上述最大化问题可以得到各种金融资产的持有量：

$$q_{cob} = (\delta_{cob}^{lon})^{\psi_{cob}}(r_{lon}^{cob})^{\psi_{cob}-1} + (\delta_{cob}^{otf})^{\psi_{cob}}(r_{otf}^{cob})^{\psi_{cob}-1} + (\delta_{cob}^{sec})^{\psi_{cob}}(r_{sec}^{cob})^{\psi_{cob}-1} \quad (6.48)$$

$$\phi_{cob}^{lon} = (\delta_{cob}^{lon})^{\psi_{cob}} \frac{(r_{lon}^{cob})^{\psi_{cob}-1}}{q_{cob}}, \quad 则: LON_{cob}^{a} = FASS_{cob}\phi_{cob}^{lon} \quad (6.49)$$

$$\phi_{cob}^{otf} = (\delta_{cob}^{otf})^{\psi_{cob}} \frac{(r_{otf}^{cob})^{\psi_{cob}-1}}{q_{cob}}, \quad 则: OTF_{cob}^{a} = FASS_{cob}\phi_{cob}^{otf} \quad (6.50)$$

$$\phi_{cob}^{sec} = (\delta_{cob}^{sec})^{\psi_{cob}} \frac{(r_{sec}^{cob})^{\psi_{cob}-1}}{q_{cob}}, \quad 则: SEC_{cob}^{a} = FASS_{cob}\phi_{cob}^{sec} \quad (6.51)$$

5. 政府的资产组合

政府的金融资产=负债+净财富−期末实物资本存量，负债由贷款、证券（国债）构成。金融资产在存款和其他金融工具（货币）之间进行分配。

$$FASS_{gv} = FLBT_{gv} + NW_{gv} - K_{gv}^{N} \quad (6.52)$$

$$FLBT_{gv} = LON_{gv} + SEC_{gv} \quad (6.53)$$

$$NW_{gv} = NWP_{gv} + \Delta SV_{gv} \tag{6.54}$$

政府从这些金融资产的收益中获得效用的最大化问题为：

$$\max \quad U = \left[\delta_{gv}^{dep} (r_{dep}^{gv} DEP_{gv})^{-S_{gv}} + \delta_{gv}^{atf} (r_{atf}^{gv} OTF_{gv})^{-S_{gv}} \right]^{-\frac{1}{S_{gv}}}$$

$$\text{s. t.} \quad FASS_{gv} = DEP_{gv} + OTF_{gv}$$

求解上述最大化问题可以得到各种金融资产的持有量：

$$q_{gv} = (\delta_{gv}^{dep})^{\psi_{gv}} (r_{dep}^{gv})^{\psi_{gv}-1} + (\delta_{gv}^{atf})^{\psi_{gv}} (r_{atf}^{gv})^{\psi_{gv}-1} \tag{6.55}$$

$$\phi_{gv}^{dep} = (\delta_{gv}^{dep})^{\psi_{gv}} \frac{r_{dep}^{\psi_{gv}-1}}{q_{gv}}, \quad 则：DEP_{gv} = FASS_{gv} \phi_{g}^{dep} \tag{6.56}$$

$$\phi_{gv}^{atf} = (\delta_{gv}^{atf})^{\psi_{gv}} \frac{(r_{atf}^{gv})^{\psi_{gv}-1}}{q_{gv}}, \quad 则：OTF_{gv} = FASS_{gv} \phi_{gv}^{OTF} \tag{6.57}$$

6. 世界其他的资产组合

世界其他的金融资产=金融负债+净财富，金融负债由存款、其他金融工具构成，金融资产在贷款和其他金融工具之间进行分配。

$$FASS_{rest} = FLBT_{rest} + NW_{rest} \tag{6.58}$$

$$FLBT_{rest} = DEP_{rest} + SEC_{rest}^{l} + OTF_{rest}^{l} \tag{6.59}$$

$$NW_{rest} = NWP_{rest} + \Delta SV_{rest} \tag{6.60}$$

则世界其他从这些资产的收益中获得效用最大化问题为：

$$\max \quad U = \left[\delta_{rest}^{lon} (r_{lon}^{rest} LON_{rest})^{-S_{rest}} + \delta_{rest}^{otf} (r_{otf}^{rest} OTF_{rest}^{a})^{-S_{rest}} + \delta_{rest}^{sec} (r_{sec}^{rest} SEC)^{-S_{rest}} \right]^{-\frac{1}{S_{rest}}}$$

$$\text{s. t.} \quad FASS_{rest} = LON_{rest} + OTF_{rest}^{a} + SEC_{rest}^{a}$$

求解上述最大化问题可以得到各种金融资产的持有量：

$$q_{rest} = (\delta_{rest}^{lon})^{\psi_{rest}} (r_{lon}^{rest})^{\psi_{rest}-1} + (\delta_{rest}^{atf})^{\psi_{rest}} (r_{atf}^{rest})^{\psi_{rest}-1} + (\delta_{rest}^{sec})^{\psi_{rest}} (r_{sec}^{rest})^{\psi_{rest}-1} \tag{6.61}$$

$$\phi_{rest}^{lon} = (\delta_{rest}^{lon})^{\psi_{rest}} \frac{(r_{lon}^{rest})^{\psi_{rest}-1}}{q_{rest}}, \quad 则：LON_{rest} = FASS_{rest} \phi_{rest}^{lon} \tag{6.62}$$

$$\phi_{rest}^{otf} = (\delta_{rest}^{otf})^{\psi_{rest}} \frac{(r_{otf}^{rest})^{\psi_{rest}-1}}{q_{rest}}, \quad 则：OTF_{rest}^{a} = FASS_{rest} \phi_{rest}^{otf} \tag{6.63}$$

$$\phi_{rest}^{sec} = (\delta_{rest}^{sec})^{\psi_{rest}} \frac{(r_{sec}^{rest})^{\psi_{rest}-1}}{q_{rest}}, \quad 则：SEC_{rest}^{a} = FASS_{rest} \phi_{rest}^{sec} \tag{6.64}$$

以上方程中，ASS_{de} 为机构 de 的资产，$de = h, ep, gv, ceb, cob, rest$；

$FLBT_{de}$ 为机构 de 的金融负债;$FASS_{de}$ 为机构 de 的金融资产;NW_{de} 为机构 de 本期的净财富;NWP_{de} 为机构 de 前期的净财富;K_{de}^{N} 为机构 de 本期的实物资本存量;K_{de}^{pp} 为机构 de 前期的实物资本存量;DEV_{de} 为机构 de 的实物资本折旧;IN_{de} 为机构 de 的名义投资;ΔSV_{de} 为机构 de 的本期储蓄增加额;DEP_{de} 为机构 de 存款(在资产方或者负债方),$de = h$,ep,gv,ceb,cob,$rest$;OTF_{de}、OTF_{de}^{a}、OTF_{de}^{l} 为机构 de 的其他金融工具,当机构在资产方和负债方都有其他金融工具时,分别用带有上标 a 和 l 的符号表示资产方和和负债方的其他金融工具;SEC_{uh}、SEC_{ep}、SEC_{gv} 为住户拥有的证券、企业发行的债券与股票,政府发行的国债,世界及其他地区拥有的证券;SEC_{rest}^{l}、SEC_{rest}^{a} 分别为世界其他发行的证券、拥有的证券;SEC_{ceb}^{l}、SEC_{cob}^{l} 分别为央行发行的债券、商业银行及其他金融机构发行的金融债券;SEC_{ceb}^{a}、SEC_{cob}^{a} 分别为央行资产方拥有的证券、商业银行在资产方拥有的证券;LON_{h}、LON_{ceb}、LON_{gv}、LON_{rest} 分别为住户、央行、政府、世界其他地区拥有的贷款;LON_{ep} 为企业拥有的贷款;LON_{cob}^{l}、LON_{cob}^{a} 分别为商业银行在负债方的贷款、在资产方的总贷款;der 为折旧率;A_{cob}、A_{ep} 为柯布—道格拉斯函数技术系数;δ_{de}^{dep}、δ_{de}^{otf}、δ_{de}^{sec}、δ_{de}^{lon} 为机构 de 的金融资产组合中的 CES 分配参数;ϕ_{de}^{dep}、ϕ_{de}^{lon}、ϕ_{de}^{sec}、ϕ_{de}^{otf} 为机构 de 拥有的各金融资产在各自的总资产中所占的比例;$(\delta_{de}^{i})^{\psi_{de}}$ 为分配参数,$i = dep$,lon,sec,otf;q_{de} 为最大化各类机构 de 时得到的参数;ψ_{de} 为各类机构 de 的各类金融资产之间的替代弹性;S_{de} 为各类机构 de 的各类金融资产之间的替代弹性的转换形式。

i_{dep}、i_{sec}、i_{otf}、i_{lon} 分别为存款利率、债券收益率、其他金融工具的收益率、贷款利率;rw_{de} 为各类机构 de 在各自拥有的金融资产上的加权收益的收益率;r_{dep}^{h}、r_{otf}^{h}、r_{sec}^{h} 为住户拥有的金融资产相对于加权收益的收益率;r_{lon}^{ep}、r_{otf}^{ep}、r_{sec}^{ep} 为企业拥有的金融资产相对于加权收益的收益率;r_{lon}^{ceb}、r_{sec}^{ceb}、r_{otf}^{ceb} 为央行拥有的金融资产相对于加权收益的加权收益率;r_{lon}^{cob}、r_{otf}^{cob}、r_{sec}^{cob} 为商业银行拥有的金融资产相对于加权收益的加权收益率;r_{dep}^{gv}、r_{otf}^{gv} 为政府拥有的金融资产相对于加权收益的加权收益率;r_{lon}^{rest}、r_{otf}^{rest}、r_{sec}^{rest} 为世界其他地区拥有的金融资产相对于加权收益的加权收益率。

（六）收入和支出模块

要素收入：

总的劳动要素收入：

$$YL_{fl} = \sum_j WL_j \times QL_j + exr \times \overline{YLa_{fl}} \tag{6.65}$$

其中，YL_{fl}、QL_j、$\overline{YLa_{fl}}$ 分别代表总的劳动要素收入、部门 j 的劳动需求量、来自国外的劳动要素收入。

总的资本要素收入：

$$YL_{fk} = \sum_j WK_j \times QK_j \tag{6.66}$$

其中，YL_{fk}、QK_j 分别代表总的资本要素收入、部门 j 的资本需求量。

1. 住户收入与支出

住户的要素收入：

$$YHF_h = shh_{jk}^h \times YL_{fk} + shh_{fl}^h \times YL_{fl} \tag{6.67}$$

住户的收入有要素收入，政府的转移支付，来自世界其他的转移支付，来自企业的转移支付、利润分成、从金融资产中得到的支付及对金融负债的支付。因此有：

$$YH_h = YHF_h + GT_h + \overline{AT_h} + EPT_h + Y_{FASS_h} \tag{6.68}$$

$$GT_h = th \cdot YGV \tag{6.69}$$

$$EPT_h = th' \cdot EEP \tag{6.70}$$

$$Y_{FASS_h} = i_{dep} \times DEP_h + i_{sec} \times SEC_h + i_{otf} \times OTF_h \tag{6.71}$$

住户的支出：

$$EH_h = TAX_h + E_h - Y_{FLBT_h} \tag{6.72}$$

$$TAX_h = \tau_h \cdot YH_h \tag{6.73}$$

$$E_h = \lambda_h (1 - \tau_h) \cdot YH_h \tag{6.74}$$

$$Y_{FLBT_h} = i_{lon} \times LON_h \tag{6.75}$$

$$\Delta SV_h = YH_h - EH_h \tag{6.76}$$

2. 企业收入与支出

企业的收入由资本要素收入（$she_{fk} \times YL_{fk}$）、政府的补贴及转移支付

(SUB_{ep})、出口退税($ETAX_{ep}$)、从金融资产中得到的收入($Y_{FASS_{ep}}$)组成；企业的支出由资本所得税($\tau_1 she_{fk} \times YL_{fk}$)、增值税($VAT$)、企业所得税($DT$)、间接税($IND$)、对金融负债的支付($Y_{FLBT_{ep}}$)、对住户的转移支付等组成。

$$YEP = she_{fk} \times YL_{fk} + SUB_{ep} + ETAX + Y_{FASS_{ep}} \tag{6.77}$$

$$SUB_{ep} = ep \cdot CG \tag{6.78}$$

$$ETAX_{ep} = \sum_i tex_i \cdot \overline{PW_i^{(E)}} \cdot exr \cdot QX_i^{(E)} \tag{6.79}$$

$$Y_{FASS_{ep}} = i_{dep} \times DEP_{ep} + i_{otf} \times OTF_{ep}^a \tag{6.80}$$

$$EEP = \tau_1 she_{fk} \times YL_{fk} + VAT + IND + DT + Y_{FLBT_{ep}} + EPT_h \tag{6.81}$$

$$VAT = \tau_2 \cdot TEP \tag{6.82}$$

$$DT = \tau_3 YEP \tag{6.83}$$

$$IND = \sum_i t_i \cdot PX_i \cdot QX_t \tag{6.84}$$

$$Y_{FLBT_{ep}} = i_{km} \times LON_{ep} + i_{sec} \times SEC_{ep}^l + DTF_{ep}^l \tag{6.85}$$

$$\Delta SV_{ep} = YEP - EEP \tag{6.86}$$

3. 政府收入与支出

政府收入由住户的个人所得税和企业的资本所得税、增值税、企业直接税、商业银行的税收、其他金融机构的税收、进口关税、金融资产中的收入、来自世界其他的转移支付净额组成；支出由向住户和企业的转移支付及补贴、出口退税、对商品和服务的消费、对金融负债的支付组成。

$$YGV = TAX_h + (\tau_1 she_{fk} \times YL_{fk}) + VAT + DT + IND + TAX_{cob} + MTAX + Y_{FASS_{GV}} + TR_{gv,rest} \tag{6.87}$$

$$MTAX = \sum_i tmx_i \cdot \overline{PW_i^{(M)}} \cdot exr \cdot QX_i^{(M)} \tag{6.88}$$

$$TR_{gv,rest} = gv \cdot YREST \tag{6.89}$$

$$Y_{FASS_{GV}} = i_{dep} \times DEP_{gv} + i_{otf} \times OTF_{gv} \tag{6.90}$$

$$EGV = GT_h + SUB_{ep} + ETAX + CG + Y_{FLBT_{GV}} \tag{6.91}$$

$$Y_{FLBT_{GV}} = i_{lon} \times LON_{gv} + i_{sec} \times SEC_{gv} \tag{6.92}$$

$$CG = \sum_i PX_i \cdot QX_i^{(4)} \tag{6.93}$$

$$\Delta SV_{gv} = YGV - EGV \tag{6.94}$$

4. 世界其他的收入与支出

世界其他的收入由进口额和国内对其的利息支付组成；支出由出口额 A，劳动的国外报酬，对国内住户、政府的转移支付，对国内金融机构的利息支付组成。

$$YREST = \sum_i (\overline{PW_i^{(M)}} \times QX_i^M \times exr) + Y_{FASS_{rest}} \tag{6.95}$$

$$Y_{FASS_{rest}} = i_{lon} \times LON_{rest} + i_{otf} \times OTF_{rest}^a + i_{sec} \times SEC_{rest} \tag{6.96}$$

$$EREST = \sum_i (\overline{PW_i^{(E)}} \times QX_i^{(E)} \times exr) + exr \times \overline{YLa_{fl}} + \overline{AT_h} +$$
$$TR_{gv,\,rest} + Y_{FLBT_{rest}} \tag{6.97}$$

$$Y_{FLBT_{rest}} = i_{otf} \times OTF_{rest}^l + i_{dep} \times DEP_{rest} + i_{sec} \times SEC_{rest}^l \tag{6.98}$$

$$\Delta SV_{rest} = YREST - EREST \tag{6.99}$$

5. 金融部门的收入支出

中央银行的收入包括利息收入（政府贷款、商业银行）、其他金融工具的收入、证券收入；支出包括存款利息支付、证券（央行债券）利息支付、其他金融工具的利息支出。

$$YCEB = i_{lon} \times LON_{ceb} + i_{otf} \times OTF_{ceb}^a + i_{sec} \times SEC_{ceb}^a \tag{6.100}$$

$$ECEB = i_{dep} \times DEP_{ceb} + i_{sec} \times SEC_{ceb}^l + i_{otf} \times OTF_{ceb}^l \tag{6.101}$$

$$\Delta SV_{ceb} = YCEB - ECEB \tag{6.102}$$

商业银行的收入包括资本要素收益（$shcob_{fk} \times OTF_{cob}^l$）、贷款利息收入、证券收入、其他金融工具的收入；支出包括存款利息支出、证券（金融债券）支出、从央行的贷款利息支出、其他金融工具利息支出、税收（营业额、所得税）。

$$YCOB = shcob_{fk} \times YL_{fk} + i_{lon} \times LON_{cob}^a + i_{sec} \times SEC_{cob}^a + i_{otf} \times OTF_{cob}^a \tag{6.103}$$

$$ECOB = i_{dep} \times DEP_{cob} + i_{sec} \times SEC_{cob}^l + i_{lon} \times LON_{cob}^l + i_{otf} \times OTF_{cob}^l + TAX_{cob} \tag{6.104}$$

$$TAX_{cob} = \tau_{cob} \cdot YCOB \tag{6.105}$$

$$\Delta SV_{cob} = YCOB - ECOB \tag{6.106}$$

其中，YHF_h 为住户的要素收入；YF_h 为住户 h 的收入；GT_h 为政府对

住户 h 的转移支付；EPT_h 为企业对住户 h 的转移支付；$Y_{FASS_{de}}$ 为机构 de 从金融资产中得到的收入；$Y_{FLBT_{de}}$ 为机构 de 对金融负债的收入；EH_h 为住户 h 的支出；TAX_h 为住户 h 的所得税；SUB_{ep} 为政府对企业的补贴及转移支付；$ETAX$ 为企业得到的出口退税；YEP 为企业的收入；EEP 为企业的支出；VAT、DT、IND 分别为企业增值税、直接税、间接税；YGV 为政府收入；EGV 为政府支出；CG 为政府消费支出；$MTAX$ 为出口关税；$TR_{gv,rest}$ 为世界其他政府的转移支付；$YREST$ 为央行的收入；$EREST$ 为央行的支出；$YCEB$ 为央行的收入；$ECEB$ 为央行的支出；$YCOB$ 为商业银行的收入；$ECOB$ 为商业银行缴纳的税收；$\overline{YLa_{fl}}$ 为来自国外的劳动要素收入；$\overline{AT}$ 为世界其他地区对住户 h 的转移支付；shh^h_{fk} 为资本要素收入中住户 h 所占的份额；shh^h_{fl} 为劳动要素收入中住户 h 所占的份额；she_{fk} 为资本要素收入中企业所占的份额；$shcob_{fk}$ 为资本要素收入中企业所占的份额；th 为政府对住户的转移支付；th' 为企业对住户的转移支付；τ_h 为住户 h 的税收在住户收入中所占的比例；λ_h 为住户 h 的消费倾向；ep 为政府消费支出中对企业补贴及转移支付的比例；τ_1、τ_2、τ_3 分别为企业资本所得税税率、增值税率、直接税率；τ_{cob} 为商业银行税率。

宏观经济总量：

实际 GDP：
$$GDPR = \sum_{de} QX^{(2)}_{de} + \sum_i QX^{(4)}_i + \sum_i QX^{(4)}_i + \sum_i QX^{(E)}_i - \sum_i QX^{(M)}_i \quad (6.107)$$

名义 GDP：$GDPN = \sum_i PV_i \cdot QX_i + ETAX - MTAX + IND$ (6.108)

（七）闭合模块

1. 商品市场结清

产品 i 的总供给 = 总需求：
$$QQ_i = \sum_j QX^{(1)}_{ij} + \sum_{de} QX^{(2)}_{i,de} + QX^{(3)}_i + QX^{(4)}_i + QX^{(5)}_i \quad (6.109)$$

进口品 i 的总供给 = 总需求：
$$\overline{QX^{(MS)}_i} = QX^{(M)}_i \quad (6.110)$$

出口品 i 的总供给 = 总需求：

$$QX_i^{(E)} = QX_i^{(5)} \tag{6.111}$$

2. 要素市场结清

出清包括劳动要素市场出清、资本要素市场出清和金融闭合模块。

劳动要素市场出清：

$$QL^s = QLP^s(1+n), \quad n \text{ 为劳动力增长率} \tag{6.112}$$

$$QL_j^s = QL_j \quad j=1,2,3 \tag{6.113}$$

资本要素市场出清：

$$\overline{QK_j^s} = QK_j \tag{6.114}$$

3. 金融闭合

$$ASS_{de} = FLBT_{de} + NW_{de} \tag{6.115}$$

$$ASS_{de} = FASS_{de} + K_{de}^N \tag{6.116}$$

贷款供给 = 贷款需求：

$$LON_{cob}^a + LON_{ceb} + LON_{rest} = LON_h + LON_{ep} + LON_{gv} + LON_{cob}^l \tag{6.117}$$

存款供给 = 存款需求：

$$DEP_h + DEP_{ep} + DEP_{gv} = DEP_{cob} + DEP_{ceb} + DEP_{rest} \tag{6.118}$$

证券供给 = 证券需求：

$$SEC_{ep} + SEC_{ceb}^l + SEC_{cob}^l + SEC_{gv}^l + SEC_{rest}^l = SEC_h + SEC_{ceb}^a + SEC_{cob}^a + SEC_{rest}^a \tag{6.119}$$

其他金融工具供给 = 其他金融工具需求：

$$OTF_{ep}^l + OTF_{ceb}^l + OTF_{cob}^l + OTF_{rest}^l = OTF_h + OTF_{ep}^a + OTF_{ceb}^a + OTF_{cob}^a + OTF_{gv}^a + OTF_{rest}^a \tag{6.120}$$

储蓄 = 投资：

$$\sum_{de} \Delta SV_{de} = \sum_{de} IN_{de} \tag{6.121}$$

其中，QL、QLP 分别为当期劳动供给、前期劳动供给；$\overline{QX_i^{(MS)}}$ 为进口品 i 的总供给；$\overline{QK_j^s}$ 为 j 行业的资本供给（$j=2,3$）；n 为劳动增长率。

四、金融 CGE 模型的数据基础

大多数 CGE 模型采用列昂剔夫在投入产出表中首先采用的方法,从基准年份的投入产出表中得到消耗系数,建立国民经济部门之间的平衡表。校准就是这种方法的扩展。在校准中,所需要的数据集称为基准均衡数据集,它主要包含投入产出表以及其他与模型相关的国民经济统计数据信息,这些信息被综合在一个社会核算矩阵(SAM)中。除 CES、CET、LES 函数中的弹性参数之外的其他参数通过这个金融社会核算矩阵进行校准得到,CES、CET、LES 中的各种参数值通过计量经济估计的方法得到,其中一些难以确定的参数是在参考已有研究的基础上进行一定修正得到。

(一)金融社会核算矩阵:FSAM

可计算一般均衡模型中包含众多的参数和外生变量。要使模型有解,就需要对模型中的这些参数和外生变量进行初值设定。这些数据必须要求口径一致,即必须来自同一总体,否则会造成模型模拟结果的失真。社会核算矩阵(Social Accounting Matrix,SAM)为数据的总体同质性提供了保障。CGE 模型必须以来自 SAM 的数据作为数据基础。因此,FCGE 模型的主要数据来源就是第四章中建立的中国 FSAM。

(二)模型参数的标定

该模型中的参数主要通过两种途径得到,一是利用前文建立的中国金融社会核算矩阵,通过校正的方法得到参数值,如中间投入系数、份额参数等。所谓模型参数的校正,是利用已经建立的金融社会核算矩阵中的数值代入到建立的模型方程中,求得模型方程中的参数值。该模型中的弹性参数值均是作为外生参数确定的,比例参数和各种税率是通过建立的金融 SAM 计算得到的。二是通过外生确定的方法得到,如各 CES、CET 函数中的弹性参数和效率参数等,是根据基准年数据和已知的参数值校准得到的。在金融 CGE 模型中通常需要设定一个基准年,在该模型中将基准年中所有产品和要素的价格设定为 1。另外,在确定外生参数时,参考了以前文献中的参数值,还有其他一些数据是根据各种统计年鉴和其他资料计算、估计得到的。

五、金融 CGE 模型的求解：GAMS

本书建立的金融可计算一般均衡模型通过 GAMS 程序实现，该软件是世界银行开发的，用于求解非线性数学模型。程序包括集合定义、参数定义及赋值、校准、变量定义、赋予变量初值、方程定义及输入、模型定义及求解、模拟结果输出。

第三节 压力测试情景模拟及结果解读

本节将利用上面所构建的金融 CGE 模型，对不同情景下的宏观金融系统稳健性进行压力测试。分析过程并不在于建立一个完整的宏观金融风险预警系统，而是对未来不确定的具有较大风险的经济情景进行模拟，对宏观经济环境中例外但有可能发生的冲击（Shock）情景进行模拟，来度量和评估中国宏观金融体系在遇到冲击时保持稳健（宏观经济保持基本运行平稳不会发生突变）的能力。本书试图构建两种极端情景，一种是信贷规模大幅波动，另一种是国债规模的变动。

一、模拟情景之一：信贷规模大幅波动

20 世纪 90 年代以来，随着内生增长理论的提出，越来越多的实证研究以及各类分析表明，在大多数情况下，宏观金融的稳健发展对经济发展的速度和形式有决定性影响。进行模拟的情景之一就是考察我国金融中介机构的稳健性会对宏观经济系统造成的影响，选择信贷规模变动作为设计情景。

（一）测算结果

压力测试设计了 6 种实际汇率升值的情况，分别为信贷规模 ±1%、±5%、±10%。表 6-1~表 6-3 给出了信贷规模变动对我国宏观经济指标的影响。

第六章 开放条件下我国宏观金融稳健性监测：压力测试

表 6-1 信贷规模变动对劳动力禀赋的影响

单位：百万亿元

	信贷规模 增加 1%	信贷规模 增加 5%	信贷规模 增加 10%	信贷规模 减少 1%	信贷规模 减少 5%	信贷规模 减少 10%
第一产业	124.091	123.684	123.175	93.215	93.345	93.444
第二产业	292.932	293.480	294.165	279.509	278.983	278.457
第三产业	198.944	198.804	198.628	243.406	243.640	244.067
合计	615.967	615.968	615.968	616.130	615.968	615.968

表 6-2 信贷规模变动对宏观经济指标的影响

单位：%

	信贷规模 增加 1%	信贷规模 增加 5%	信贷规模 增加 10%	信贷规模 减少 1%	信贷规模 减少 5%	信贷规模 减少 10%
消费	0.5	2.6	5.2	-1.3	-4.1	-10.2
投资	0.7	4.4	9.3	0.1	-5.0	-10.8
劳动力	0.0	0.0	0.0	0.0	0.0	0.0
进口	0.0	2.2	3.6	0.0	-1.7	-2.5
出口	0.0	1.5	2.8	0.0	-1.0	-1.7
GDP	0.2	0.5	1.0	0.0	-0.7	-2.1
工资	0.1	0.4	0.7	1.4	1.1	1.0
资本品价格	-0.7	-1.4	-1.9	0.2	1.2	1.3
资金市场价格	-0.9	-4.3	-8.5	0.9	4.3	8.5
汇率	-0.1	-1.1	-2.0	0.1	1.4	2.6

表 6-3 信贷规模变动对产业结构的影响

单位：%

	信贷规模 增加 1%	信贷规模 增加 5%	信贷规模 增加 10%	信贷规模 减少 1%	信贷规模 减少 5%	信贷规模 减少 10%
第一产业	0.0	-0.3	-0.7	-0.2	-5.9	-8.9
第二产业	0.3	1.2	2.5	-0.1	-0.9	-2.9
第三产业	0.0	-0.1	-0.3	0.2	2.2	2.3

根据模拟结果可以看出,信贷规模的变动对宏观经济的总体影响如下:

第一,信贷规模变动±5%和±10%时,GDP分别增长0.5%、1.0%和下降0.7%、2.1%,可见信贷对GDP的影响较为显著,我国经济增长具有明显的信贷(投资)拉动特征。我国经济增长要保持7%~8%的速度,至少需要金融机构贷款增长15%左右,可见我国经济体系对信贷的依赖程度较高。但信贷规模减少10%时GDP下降2.1%,大于信贷规模增长10%时GDP的增幅1.0%,说明我国信贷资金的使用效率呈下降趋势,造成这一问题的原因既有我国经济已从卖方市场过渡到买方市场的因素,也有信贷资金的行业投向过度集中的因素。

第二,居民消费变动与信贷规模变动正相关,但信贷规模的缩减对居民消费的影响更大,以信贷规模变动±5%和±10%为例,居民消费分别增长2.6%、5.2%和下降4.1%、10.2%。这一方面说明了我国居民消费意识和行为的改变,借款消费已为人们所接受,另一方面也反映了居民消费的信贷依赖程度在增强,因此当信贷规模减少时,居民的消费水平将更大幅度地减少。投资或资本形成的变动与信贷规模变动正相关,且当信贷规模增加或减少时,投资的变动幅度基本对称。

第三,信贷规模增加将导致资本品价格的下跌,反之亦然。这在一定程度上反映我国信贷资金投向的不合理。在资本品领域,信贷资金主要流向产能过剩的行业企业,从而导致供给过剩和价格的下跌。从劳动力供给来看,虽然信贷规模变动只对劳动力供给总量产生微小影响,但从产业内来看(见表6-1),信贷规模的增加会使农业劳动力人口小幅向第二、第三产业转移,其中以第二产业为主,反映了信贷增长带来第二产业的发展及其对劳动力需求的增加;而信贷规模的减少首先就会使农村劳动力大量流出,说明信贷政策的转向首先对农业发展形成重创,农业劳动力大幅萎缩(从1.24亿亿元左右猛缩至0.93亿亿元左右),但一旦紧缩的信贷政策为社会所吸纳后,农业劳动力会有一个补偿性的回调。信贷规模减少对第二、第三产业就业人口的影响表现为劳动力从第二产业向第三产业流动。劳动力的流动体现了合成商品价格和劳动力要素价格的变动：信贷规模的增长会使价格小幅上扬；而信贷规模的减少会造成农业劳动力的大量萎缩，由于农业劳动力价格相对低廉，因此会造成合成商品价格和劳动力要素价格的上涨，随之出现一个补偿性回调。

第四，进出口额的变动与信贷规模变动正相关，但进口对信贷的依赖度高于出口。信贷规模增长时，由于进口的增长速度大于出口（当信贷规模增加5%和10%时，进出口分别增加2.2%、1.5%和3.6%、2.8%），引致人民币汇率的下跌（-1.1%和-2.0%）；而当信贷规模缩减时（当信贷规模减少5%和10%时，进出口分别下跌1.7%、1.0%和2.5%、1.7%），由于进出的缩减速度也大于出口，引致人民币汇率的上浮（1.4%和2.6%）。

第五，从表6-3中可以看出，第二产业的产出与信贷规模的变动正相关，且当信贷规模增加或减少时，第二产业产值的变动幅度基本对称；第三产业的产出与信贷规模的变动负相关，说明我国信贷资金的主要是流向第二产业，从而对第三产业的发展形成一定的排挤作用。从变动幅度来看，信贷规模增加时，第三产业产值的下降幅度小于信贷规模减少时产值的上升幅度，以信贷规模变动±10%为例，第三产业产值分别变动-0.3%和2.3%。

第六，第一产业的变动趋势相对复杂。表6-3显示，无论信贷规模如何变动，第一产业产出均呈下降趋势，而且当信贷规模缩减时，第一产业的产出减少速度更快，以信贷规模变动±10%为例，第一产业产值分别下降0.7%和8.9%。造成这一现象的主要原因在于当信贷规模增长时，由于第二产业的发展对农业劳动力人口形成一定的吸引，农业劳动力人口的外流，从而引起产出的小幅减少；但当信贷规模缩减时，由于与农业相关的信贷部分具有政策性和扶持性，收益相对较低，商业银行出于盈利需要，首先一定会大量减少农业相关贷款以保证其主要收益来源——第二产业的贷款需求，造成第一产业产值的大幅下跌。

（二）结果解读

根据模拟结果，可以得出以下几个基本结论：

第一,信贷规模是构成宏观金融稳健性潜在威胁的重要因素。目前我国经济体系对银行贷款的依赖程度较高,经济增长具有明显的信贷拉动特征,但资金使用效率呈下降趋势,并且信贷增长率超过10%以后,拉动作用下降的趋势更为明显。

第二,随着居民消费理念的改变和社会融资渠道的限制,信贷规模增长对居民福利和社会投资产生正面的比较静态的短期效应,但银行信贷投向结构不合理、行业集中度明显,造成社会部分行业产能过剩和经济风险。

第三,信贷规模大幅增长并不适应我国当前经济和产业结构的调整政策,它会对第一、第三产业的产值增长和劳动力禀赋形成一定的排挤效应,但受经济增长内在需求、社会投资渠道有限、银行规模竞争等因素限制,信贷规模大幅缩减并不现实。因此,如何在现有规模下有效引导银行调整信贷结构,将成为金融结构优化的重点问题之一。

二、模拟情景之二:汇率变动

2010年以来,美国不断施压人民币升值,仅一周多时间,人民币对美元汇率便已突破6.7,升值达到2%。但美国总统奥巴马却称中国在人民币升值问题上未尽全力,美国财长也联合欧盟共同给人民币升值施压。2010年9月24日,美国国会众议院筹款委员会投票通过了一项旨在对所谓低估本币汇率的国家征收特别关税的法案。这项法案中最受关注的就是针对中国汇率的特别关税法案,它是一些国会议员和商业组织以人民币升值幅度过小为由而发起的。尽管我国坚持人民币币值并未低估,但面对国际压力,我们有理由考虑汇率变动会给我国宏观经济带来的影响。因此,压力测试的第二个场景就是汇率的变动。

(一) 测算结果

压力测试设计了5种实际汇率升值的情况,分别为汇率升值7%、10%、15%、20%、30%。表6-4和表6-5给出了汇率变动对我国宏观经济指标的影响。

表6-4 实际有效汇率升值的宏观影响（名义值）

单位：%

	模拟情景				
	+7	+10	+15	+20	+30
居民消费	-0.51	-0.05	1.39	3.65	10.87
政府消费	0.80	1.10	1.64	2.28	3.98
资本存量	-1.80	-2.25	-2.84	-3.35	-4.42
出口	-37.95	-48.97	-63.27	-73.87	-87.53
进口	34.91	50.37	78.36	110.36	192.58
GDP	1.77	2.92	5.37	8.55	17.58
净间接税	5.89	8.50	13.29	18.83	33.14

表6-5 实际有效汇率升值的宏观影响（实际值）

单位：%

	模拟情景				
	+7	+10	+15	+20	+30
居民消费	-0.50	-0.05	1.39	3.63	10.76
政府消费	0.00	0.00	0.00	0.00	0.00
资本存量	0.00	0.00	0.00	0.00	0.00
出口	-33.28	-43.30	-56.79	-67.34	-82.18
进口	45.06	67.08	109.84	162.95	317.97
GDP	0.48	0.22	-0.84	-2.92	-12.13
净间接税	7.19	10.81	17.94	26.89	53.29

根据模拟结果可以看出，汇率变动对宏观经济的总体影响如下：

第一，从名义值来看，当汇率分别升值7%、10%、15%、20%、30%时，出口分别减少37%、48%、63%、73%、87%，进口分别增加34%、50%、78%、110%、192%，名义GDP分别增加1.77%、2.92%、5.37%、8.55%、17.58%，资本存量减少。当汇率升值7%、10%时，居民消费减少；当汇率升值15%、20%、30%时，居民消费增加。其余变量增加。

第二，从实际值来看，当汇率分别升值7%、10%、15%、20%、30%

时，实际出口分别减少 33%、43%、56%、67%、82%，实际进口分别增加 45%、67%、109%、162%、317%。当汇率升值 7%、10% 时，实际 GDP 分别小幅增加 0.48%、0.22%；当汇率升值 15% 时，实际 GDP 小幅减少 0.84%；当汇率升值 20% 时，实际 GDP 下降 2.92%；当汇率升值 30% 时，实际 GDP 大幅下降 12.13%。政府消费、实际资本存量不变。当汇率升值 7%、10% 时，居民消费减少；当汇率升值 15%、20%、30% 时，居民消费增加。其余变量增加。

（二）结果解读

根据模拟结果，可以得出以下几个基本结论：

第一，一定范围内的汇率升值不会影响宏观经济和金融系统的稳健运行，但超出一定范围的汇率升值会使多项重要宏观经济指标迅速恶化，成为宏观金融系统中的薄弱环节。

第二，实际汇率升值，出口减少，进口增加，名义 GDP 增加。过大幅度汇率升值，如升值 20% 以上，负面影响明显超过正面影响，对中国经济整体不利的效果将会显现，包括国内经济增速放缓、国际贸易赤字增加、经常项目赤字增加、外汇储备下降等。

第三，实际汇率升值对消费的负面影响小于对生产的负面影响。谢杰（2010）针对这种情况提出，我国需要利用汇率升值的倒逼机制，对中国的经济发展模式作出一个关键性的调整，即从出口和投资主导模式向依靠消费、投资、出口协调拉动的模式转变。

第七章
结　论

　　宏观金融系统能否保持稳健性，在很大程度上取决于一整套较为完善的制度框架的确立及良好执行。这个目标的达成，取决于金融制度的完善和金融市场的发展。

　　按照西方经济学家切纳德等的观点，一国的金融体系要较好地发挥功能，适宜的宏观经济环境、有效的监督和管理体制与健全的金融市场基础设施是必不可少的。上述三项因素已被西方学界视为构成金融稳健的"三根主要支柱"。

　　在我国目前转轨过程中的经济金融格局下，除了上述三项因素应包涵于金融稳健的制度框架以外，健全和完善市场主体的适应性、市场交易和秩序的稳健性等制度架构，也具有十分重要的意义。

　　具体而言，金融稳健的基本制度框架可主要包括以下五个方面：市场主体方面、市场结构和秩序方面、金融调控和监管方面、市场支持保障方面和金融风险处置方面。

　　一是市场主体方面。我国已明确要建立资本充足、内控严密、运营安全、服务和效益良好的现代金融企业。从目前的情况看，我国的金融机构仍然存在着产权主体虚置、公司治理欠缺、不良资产偏高、经营效率低下等问题，成为阻碍金融业快速发展的"痼疾"。在这方面，构筑良好的资本结构、完善的公司治理等制度架构至关重要，关键是要建立多重的股权约束机制，形成有效的激励、监督机制，解决好权责对称问题。

二是市场结构和秩序方面。我国金融业存在着直接融资和间接融资、债券市场和股票市场、银行间市场和交易所市场、流通股和非流通股等结构不均衡以及金融秩序不规范的情况，使金融业隐含着内在的不稳定性，极易产生较大的金融波动，进而通过市场间的关联和互动扩展到整个金融体系，最终酿成金融危机。在这方面，应着力推进金融市场的改革和创新，确保金融秩序的稳定。要逐步建立资本市场与货币市场的良性互动机制，加强深层次的银行与保险业的合作，构建直接金融和间接金融协调发展的制度"平台"。

三是金融调控和监管方面。要确立不同层次的制度安排来协调货币政策和金融监管的政策工具，以促进金融稳健目标的实现。①签署备忘录规定中央银行、财政部和监管部门在维护金融体系稳定中的职责和法律地位，明确中央银行对国家金融体系的总体稳定负责，财政部和监管部门也承担一定的责任；②构建协调宏观金融稳健与微观审慎监管的制度架构，增强中央银行的前瞻性宏观分析能力，提高监管部门的监管水准；③加强协商沟通，建立健全各部门之间防范跨市场、跨系统金融风险等方面的信息共享、协调配合的制度框架；④运用适宜的货币政策工具来稳定金融体系，可包括短期利率、公开市场操作、窗口指导等；⑤逐步建立功能性监管的框架，运用适当的金融监管手段来维护金融体系的稳定，如审慎的市场准入监管、及时的监督纠正措施等；⑥加快金融稳定指标的设计和评估，构建金融风险的预警机制，加强对跨市场风险和系统性风险的监测和分析。

四是市场支持保障方面。我国需要将保证支付清算体系的安全提高到维护金融稳健的高度来认识。较好的市场保障制度是保持金融稳健的有力"缓冲器"。要建立和完善金融风险的补偿机制，确立存款保险制度、证券投资者补偿制度和寿险投保者补偿制度，并注意防范道德风险，充分发挥市场约束的力量。

第七章 结 论

五是金融风险处置方面。要按照依法合规、适度有限、权责对称等原则，构筑一整套较为完善的制度架构来有效处置金融风险，以最大程度降低损失。应建立一套处置金融风险的长效应急机制和体系，明确其组织结构、决策部署和执行实施，预备多套风险预案；严格掌握标准，认真履行好最后贷款人的职能，明确提供流动性支持的规则"界限"，切实防范道德风险；完善金融机构市场退出的法律框架，探索建立良好的金融机构破产制度框架，改善现有的对有问题的金融机构进行风险救助的手段和措施；会同监管部门尝试对金融机构进行风险类别划分，逐步确立分类指导、有效监督和及时处置的制度架构。

附　录

附录一　中国宏观金融稳健性监测指标库原始数据

表 1-1　机构运行层面指标原始数据：银行

年份	资本资产比	不良贷款率	资产利润比	资本收益率	资产流动性比率	存贷比	备付金比例
1995	0.0575	0.1567	0.5100	0.0517	0.9978	0.9383	0.1532
1996	0.0518	0.1417	0.4500	0.0505	1.3616	0.8918	0.1489
1997	0.0465	0.2231	0.1500	0.0382	1.3063	0.9093	0.1380
1998	0.0657	0.2637	0.0900	0.0218	1.1609	0.9041	0.2106
1999	0.0592	0.2795	0.3100	0.0169	0.3260	0.8617	0.1630
2000	0.0538	0.2953	0.3200	0.0248	0.3820	0.8027	0.1461
2001	0.0480	0.2573	0.2200	0.0377	0.4090	0.7824	0.1254
2002	0.0440	0.2141	0.1800	0.0356	0.3460	0.7688	0.1270
2003	0.0449	0.178	0.0800	0.0789	0.7313	0.7642	0.1137
2004	0.0429	0.1321	0.4100	0.1148	0.7374	0.7374	0.1113
2005	0.0440	0.0861	0.4800	0.1317	0.8890	0.6780	0.1095
2006	0.0342	0.0922	1.0600	0.1165	0.8665	0.6716	0.1114

续表

年份	资本资产比	不良贷款率	资产利润比	资本收益率	资产流动性比率	存贷比	备付金比例
2007	0.0399	0.0976	0.9500	0.1096	0.9874	0.7134	0.1085
2008	0.0409	0.0913	0.8900	0.0983	0.8537	0.6994	0.1157

表1-2 机构运行层面指标原始数据：证券、保险、非金融机构

年份	股票市盈率	证券化率	房地产开发投资/固定资产	商品房销售面积/商竣工面积	综合赔付率	保险深度	保险密度
1995	0.1456	0.3967	0.1570	0.0594	0.6755	0.0117	56.3900
1996	0.1617	0.3717	0.3132	0.1450	0.5669	0.0128	71.4400
1997	0.1228	0.5696	0.3986	0.2344	0.3506	0.0149	90.0000
1998	0.1258	0.6937	0.3438	0.2452	0.4236	0.0162	102.2000
1999	0.1342	0.6799	0.3813	0.3182	0.3613	0.0170	100.6000
2000	0.1502	0.7424	0.5822	0.5379	0.3292	0.0180	127.7000
2001	0.1692	0.7504	0.3771	0.4537	0.2831	0.0220	168.9800
2002	0.1790	0.7665	0.3443	0.3743	0.2316	0.0300	237.6000
2003	0.1833	0.8132	0.3654	0.3638	0.2168	0.0333	287.4400
2004	0.1878	0.9003	0.2322	0.2714	0.2325	0.0340	332.0000
2005	0.1779	1.0387	0.1763	0.1763	0.2305	0.0330	370.0000
2006	0.1764	1.1079	0.3333	0.4239	0.2550	0.0280	431.3000
2007	0.1881	1.0768	0.3985	0.4092	0.2479	0.0248	463.8000
2008	0.1779	0.9857	0.3874	0.3924	0.2257	0.0304	486.3000

表1-3 市场运行层面指标原始数据

年份	通货膨胀率	货币化程度指标	利率敏感性比率	汇率波动率	消费者信心指数	宏观景气指标
1995	0.1710	0.9993	0.0510	0.0311	0.9856	0.1892
1996	0.0830	1.0691	0.0554	0.0044	0.9856	0.0050
1997	0.0280	1.1522	0.1280	0.0029	1	-0.0625
1998	-0.0080	1.2381	0.1915	0.0013	0.9600	-0.3458
1999	-0.0140	1.3370	0.1158	0.000097	0.9200	-0.3433

续表

年份	通货膨胀率	货币化程度指标	利率敏感性比率	汇率波动率	消费者信心指数	宏观景气指标
2000	0.0040	1.3568	0.1335	−1.2E−05	0.9460	0.1283
2001	0.0070	1.4436	0.1766	0.00017	0.9730	0.1667
2002	−0.0080	1.5375	0.2020	0	1.9720	−0.1250
2003	0.0120	1.6288	0.2327	0	0.9720	0.0817
2004	0.0390	1.5894	0.2508	2.42E−05	0.9540	0.1750
2005	0.0180	1.6248	0.3635	0.01028	0.9410	−0.0033
2006	0.0150	1.6389	0.5558	0.02684	0.9480	0.0317
2007	0.0480	1.6168	0.4986	−0.0653	0.9500	0.0303
2008	0.0590	1.5689	0.4574	−0.0422	0.9130	0.0040

表1-4 宏观经济运行层面指标原始数据

年份	GDP增长率	失业率	固定资产投资增长率	财政赤字/GDP	经常项目差额/GDP	外汇储备/年进口额×12	短期外债/外汇储备	短期外债/债务总额	外债负债率	外债偿债率	外债债务率
1995	0.1092	0.0290	0.1750	0.0096	0.0023	6.6800	0.1120	0.1619	0.1520	0.0760	0.7240
1996	0.1001	0.0300	0.1480	0.0074	0.0086	9.0700	0.1210	0.1343	0.1420	0.0600	0.6770
1997	0.0930	0.0310	0.0890	0.0070	0.0317	11.7900	0.1390	0.1297	0.1450	0.0730	0.6320
1998	0.0783	0.0310	0.1390	0.0114	0.0292	12.3900	0.1190	0.1196	0.1520	0.1090	0.7040
1999	0.0762	0.0310	0.0510	0.0196	0.0147	11.1900	0.1000	0.0981	0.1530	0.1130	0.6870
2000	0.0843	0.0310	0.1030	0.0262	0.0173	8.8200	0.0900	0.0790	0.1350	0.0920	0.5210
2001	0.0830	0.0360	0.1300	0.0230	0.0133	10.4500	0.2970	0.2384	0.1470	0.0750	0.5680
2002	0.0908	0.0400	0.1690	0.0257	0.0246	11.6400	0.3260	0.1948	0.1360	0.0790	0.4610
2003	0.1003	0.0430	0.2770	0.0216	0.0281	11.7100	0.3980	0.1911	0.1370	0.0690	0.3990
2004	0.1009	0.0420	0.2660	0.0200	0.0356	12.0700	0.4560	0.1710	0.1390	0.0319	0.3780
2005	0.1043	0.0420	0.2600	0.0124	0.0716	14.8900	0.5560	0.1907	0.1260	0.0307	0.3359
2006	0.1165	0.0410	0.2390	0.0078	0.0945	15.7300	0.5690	0.1722	0.1230	0.0210	0.3042
2007	0.1304	0.0460	0.2484	−0.0062	0.1100	15.9300	0.5700	0.1895	0.1210	0.0230	0.3485
2008	0.0895	0.0420	0.2585	0.0042	0.1000	16.0600	0.5980	0.1963	1.1270	0.0290	0.3258

附录二 中国宏观金融稳健性监测指标库标准化数据

表 2-1 机构运行层面指标标准化数据：银行

年份	资本资产比	不良贷款率	资产利润比	资本收益率	资产流动性比率	存贷比	备付金比例
1995	0.085413	0.062463	0.083607	0.055771	0.087874	0.084356	0.081390
1996	0.076946	0.056483	0.073770	0.054477	0.119913	0.080175	0.079105
1997	0.069073	0.088931	0.024590	0.041208	0.115043	0.081749	0.073315
1998	0.097594	0.105114	0.014754	0.023517	0.102238	0.081281	0.111884
1999	0.087938	0.111412	0.050820	0.018231	0.028710	0.077469	0.086596
2000	0.079917	0.117710	0.052459	0.026753	0.033642	0.072165	0.077618
2001	0.071301	0.102563	0.036066	0.040669	0.036020	0.070340	0.066621
2002	0.065359	0.085343	0.029508	0.038403	0.030471	0.069117	0.067471
2003	0.066696	0.070953	0.013115	0.085113	0.064404	0.068704	0.060405
2004	0.063725	0.052657	0.067213	0.123840	0.064941	0.066294	0.059130
2005	0.065359	0.034321	0.078689	0.142071	0.078292	0.060954	0.058174
2006	0.050802	0.036752	0.173770	0.125674	0.076311	0.060379	0.059183
2007	0.059195	0.038897	0.155738	0.118231	0.086958	0.064137	0.057642
2008	0.060680	0.036401	0.145902	0.106041	0.075183	0.062878	0.061467

表 2-2 机构运行层面指标标准化数据：证券、保险、非金融机构

年份	股票市盈率	证券化率	房地产开发投资/固定资产	商品房销售面积/商品房竣工面积	综合赔付率	保险深度	保险密度
1995	0.063862	0.036416	0.032773	0.013484	0.145890	0.035873	0.016956

续表

年份	股票市盈率	证券化率	房地产开发投资/固定资产	商品房销售面积/商品房竣工面积	综合赔付率	保险深度	保险密度
1996	0.070924	0.034121	0.065378	0.032916	0.122435	0.039246	0.021481
1997	0.053862	0.052288	0.083205	0.053211	0.075720	0.045685	0.027062
1998	0.055178	0.063680	0.071766	0.055663	0.091486	0.049670	0.030730
1999	0.058862	0.062413	0.079593	0.072234	0.078031	0.052123	0.030249
2000	0.065880	0.068151	0.121530	0.122108	0.071098	0.055189	0.038397
2001	0.074214	0.068885	0.078717	0.102994	0.061142	0.067454	0.050810
2002	0.078512	0.070363	0.071870	0.084970	0.050019	0.091982	0.071443
2003	0.080398	0.074650	0.076274	0.082586	0.046823	0.102100	0.086429
2004	0.082372	0.082646	0.048470	0.061610	0.050214	0.104247	0.099827
2005	0.078030	0.095350	0.036801	0.040022	0.049782	0.101180	0.111253
2006	0.077372	0.101703	0.069574	0.096229	0.055073	0.085850	0.129685
2007	0.082504	0.098848	0.083184	0.092892	0.053540	0.076131	0.139457
2008	0.078030	0.090485	0.080867	0.089079	0.048745	0.093270	0.146223

表2-3 市场运行层面指标标准化数据

年份	利率敏感性比率	汇率波动率	通货膨胀率	货币化程度指标	消费者信心指数	宏观景气指标
1995	0.014945	-1.023246	0.376652	0.050466	0.068349	-2.782353
1996	0.016234	-0.144768	0.182819	0.053991	0.068349	-0.073529
1997	0.037508	-0.095415	0.061674	0.058188	0.069347	0.919118
1998	0.056116	-0.042772	-0.017621	0.062526	0.066573	5.085294
1999	0.033933	-0.003191	-0.030837	0.067521	0.063799	5.048529
2000	0.039120	0.000395	0.008811	0.068521	0.065602	-1.886765
2001	0.051749	-0.005593	0.015419	0.072904	0.067475	-2.451471
2002	0.059192	0.000000	-0.017621	0.077646	0.136753	1.838235

续表

年份	利率敏感性比率	汇率波动率	通货膨胀率	货币化程度指标	消费者信心指数	宏观景气指标
2003	0.068188	0.000000	0.026432	0.082257	0.067405	-1.201471
2004	0.073492	-0.000796	0.085903	0.080268	0.066157	-2.573529
2005	0.106517	-0.338230	0.039648	0.082055	0.065256	0.048529
2006	0.162867	-0.883084	0.033040	0.082767	0.065741	-0.466176
2007	0.146106	2.148517	0.105727	0.081652	0.065880	-0.445588
2008	0.134033	1.388185	0.129956	0.079236	0.063314	-0.058824

表2-4 宏观经济运行层面指标标准化数据

年份	GDP增长率	失业率	固定资产投资增长率	财政赤字/GDP	经常项目差额/GDP	外汇储备/年进口额×12（月）	短期外债/外汇储备	短期外债/债务总额	外债负债率	外债偿债率	外债债务率
1995	0.080520	0.056311	0.068548	0.050582	0.003955	0.039663	0.025163	0.071429	0.051789	0.086207	0.102471
1996	0.073766	0.058252	0.057972	0.038991	0.014789	0.053853	0.027185	0.059252	0.048382	0.068058	0.095819
1997	0.068522	0.060194	0.034861	0.036883	0.054514	0.070004	0.031229	0.057222	0.049404	0.082804	0.089450
1998	0.057734	0.060194	0.054446	0.060067	0.050215	0.073566	0.026736	0.052766	0.051789	0.123639	0.099641
1999	0.056160	0.060194	0.019977	0.103272	0.025279	0.066441	0.022467	0.043281	0.052129	0.128176	0.097234
2000	0.062141	0.060194	0.040345	0.138048	0.029751	0.052369	0.020220	0.034854	0.045997	0.104356	0.073740
2001	0.061176	0.069903	0.050921	0.121187	0.022872	0.062047	0.066727	0.105180	0.050085	0.085073	0.080392
2002	0.066938	0.077670	0.066198	0.135413	0.042304	0.069113	0.073242	0.085944	0.046337	0.089610	0.065248
2003	0.073890	0.083495	0.108501	0.113810	0.048323	0.069529	0.089418	0.084311	0.046678	0.078267	0.056472
2004	0.074330	0.081553	0.104193	0.105380	0.061221	0.071666	0.102449	0.075443	0.047359	0.036184	0.053500
2005	0.076893	0.081553	0.101842	0.065597	0.123130	0.088410	0.124916	0.084135	0.042930	0.034823	0.047542
2006	0.085842	0.079612	0.093617	0.041335	0.162511	0.093397	0.127836	0.075973	0.041908	0.023820	0.043055
2007	0.096094	0.089320	0.097306	-0.032527	0.189166	0.094585	0.128061	0.083605	0.041227	0.026089	0.049325
2008	0.065995	0.081553	0.101373	0.021961	0.171969	0.095357	0.134352	0.086605	0.383986	0.032895	0.046112

附录三 中国 2012 年金融社会核算矩阵

表 3-1 中国 2012 年金融社会核算矩阵原始表

单位：亿元

	要素		活动	商品	机构经常账户						机构资本账户		
	劳动力	资本			居民	非金融企业	政府	中央银行	其他金融机构	国外	居民	非金融企业	政府
要素 劳动力			124840										
要素 资本			38029										
活动				695478									
商品			552815		96553					520			
机构经常账户 居民	125170	8980				59756	35191		7281	5794	19254		
机构经常账户 非金融企业		14368	38519	1433	3186	8779	1495		6835	95541		79918	
机构经常账户 政府		1375			2826	1842	-5635		1375	533			11638
机构经常账户 中央银行									1116	5794			
机构经常账户 其他金融机构		14930				4171	1058	5681	2183	16			
机构经常账户 国外	190	4171		74021			112		64500	69854			

— 144 —

续表

	要素		活动	商品	机构经常账户						机构资本账户		
	劳动力	资本			居民	非金融企业	政府	中央银行	其他金融机构	国外	居民	非金融企业	政府
机构资本账户	居民					57213								
	非金融企业						15512							
	政府							27894						
	中央银行								-4565					
	其他金融机构									2786				
	国外										-28274	3303		
金融账户	通货											54412		
	存款													
	国内信贷													
	国外信贷													
	准备金													
	财政借款													
	其他													
	国际储备资产											10978		
	国外资产													
总和		125359	43823	754202	770932	159778	90060	60115	1116	86076	149778	87947	79918	11638

续表

		机构资本账户			金融账户									总和
		中央银行	其他金融机构	国外	通货	存款	国内信贷	国外信贷	准备金	财政借款	其他	国际储备资产	国外资产	
要素	劳动力													125359
	资本													43823
活动														791019
商品			109											795478
机构经常账户	居民													203214
	非金融企业													21362
	政府													54683
	中央银行													1116
	其他金融机构													98374
	国外													147164
机构资本账户	居民				3303									57213
	非金融企业						40979	5185						61676
	政府							1540			56794			86228
	中央银行							3500	20713					22951

续表

	机构资本账户			金融账户									总和
	中央银行	其他金融机构	国外	通货	存款	国内信贷	国外信贷	准备金	财政借款	其他	国际储备资产	国外资产	
机构资本账户 其他金融机构					54412				34469				91667
机构资本账户 国外												10978	15322
金融账户 通货													3303
金融账户 存款													54412
金融账户 国内信贷		40979											40979
金融账户 国外信贷			10385										10385
金融账户 准备金		20713											20713
金融账户 财政借款	34469												34469
金融账户 其他	56794												56794
金融账户 国际储备资产	32618												32618
金融账户 国外资产												10978	10978
总和	123881	61801	10385	3303	54412	40979	10225	20713	34469	56794	32618	10978	

表3-2 中国2012年金融社会核算矩阵平衡表

单位：亿元

	要素		活动	商品	机构经常账户						机构资本账户		
	劳动力	资本			居民	非金融企业	政府	中央银行	其他金融机构	国外	居民	非金融企业	政府
要素 — 劳动力			147191							485			
要素 — 资本			51512							6507			
活动				717494									
商品			552815		97975	30148	34828			72543			
机构经常账户 — 居民	147105	8980					1495		2352	533	13810		
机构经常账户 — 非金融企业		28564		1433	3186	7776	1058		2380	10997		66782	
机构经常账户 — 政府		1375	38519			4171		2993	1375	0			26408
机构经常账户 — 中央银行						943			8340				
机构经常账户 — 其他金融机构		14930		74021	2826				13251				
机构经常账户 — 国外	572	4171				9774			64500	69854			
机构资本账户 — 居民					92613								
机构资本账户 — 非金融企业													
机构资本账户 — 政府							16283						

— 148 —

续表

	要素				机构经常账户						机构资本账户		
	劳动力	资本	活动	商品	居民	非金融企业	政府	中央银行	其他金融机构	国外	居民	非金融企业	政府
机构资本账户	中央银行													
	其他金融机构									2786				
	国外													
	通货											14127		
	存款											45740		
金融账户	国内信贷													
	国外信贷													
	准备金													
	财政借款													
	其他													
	国际储备资产											18936		
	国外资产													
	总和	147676	58019	790036	792948	196600	52812	53663	2993	94985	160919	92613	66782	26408

— 149 —

续表

		机构资本账户		金融账户									总和
		中央银行	其他金融机构	国外	通货	存款	国内信贷	国外信贷	准备金	财政借款	其他	国际储备资产	国外资产	
要素	劳动力													485
	资本													6507
	活动													72543
	商品		329											240133
	居民													40516
	非金融企业													24248
机构经常账户	政府													12337
	中央银行	641												2993
	其他金融机构			13485										80055
	国外						55789	1220						82156
	居民							519			9607			92613
机构资本账户	非金融企业													66782
	政府													26408

续表

	机构资本账户			金融账户									总和
	中央银行	其他金融机构	国外	通货	存款	国内信贷	国外信贷	准备金	财政借款	其他	国际储备资产	国外资产	
机构资本账户 — 中央银行				14127		17034		20713					51874
其他金融机构					45740								56118
国外							18772						32257
金融账户 — 通货	14127												14127
存款		45740											45740
国内信贷		55789											55789
国外信贷			18772										18772
准备金	20713												20713
财政借款	7591												7591
其他	9607												9607
国际储备资产	13322												13322
国外资产		18936											18936
总和	51874	56118	32257	14127	45740	55789	18772	20713	7591	9607	13322	18936	

附录四 中国2015年金融社会核算矩阵（递推表）

表4-1 中国2015年金融社会核算矩阵平衡表

单位：亿元

		要素		活动	商品	机构经常账户						机构资本账户		
		劳动力	资本			居民	非金融企业	政府	中央银行	其他金融机构	国外	居民	非金融企业	政府
要素	劳动力			85463.4							29493.516			
	资本			37126.3							8718.3			
	活动				561941									
	商品			418755		1196.38	1516	17652		237.463	17923.3			
机构经常账户	居民	114958	12957									4109.046		
	非金融企业		16296				14485.384	1495		12770.945			110794.054	
	政府			38519		2826	1842	121.88		2463.8	533			28936
	中央银行						4171	1058		2934.616	5794			
	其他金融机构	5295.4	11296						15237.97	2183	69854			
	国外	-0.73		21017.6				17.872		64500	12904			

— 152 —

续表

	要素		活动	商品	机构经常账户						机构资本账户		
	劳动力	资本			居民	非金融企业	政府	中央银行	其他金融机构	国外	居民	非金融企业	政府
机构资本账户 居民					140643								
非金融企业						12846.854							
政府							20760						
中央银行													
其他金融机构									13206.55				
国外													
金融账户 通货											3938.754		
存款											115994.085		
国内信贷													
国外信贷													
准备金													
财政预支款													
其他													
国际储备资产											16600.9		
国外资产													
总和	114957	45845	579864	582958	144665	34861	41105	15238	98296	145220	140643	110794	28936

续表

		机构资本账户			通货	存款	国内信贷	国外信贷	准备金	财政借款	其他	国际储备资产	国外资产	总和
		中央银行	其他金融机构	国外										
要素	劳动力													114957
	资本													45845
	活动													579864
	商品													582958
机构经常账户	居民													144665
	非金融企业													34861
	政府													41105
	中央银行	12303												15238
	其他金融机构													98296
	国外			31314										145220
机构资本账户	居民						97226.7	720.5						140643
	非金融企业							1540						110794
	政府										6635.88			28936

续表

		机构资本账户					金融账户						总和
		中央银行	其他金融机构	国外	通货	存款	国内信贷	国外信贷	准备金	财政借款	其他	国际储备资产	国外资产	
机构资本账户	中央银行				3938.75									40700
	其他金融机构					115994.085								130488
	国外											20473.454	16600.9	37074
	通货													3939
	存款													115994
	国内信贷	97226.7												97227
	国外信贷		33260.8	5760.5										5761
金融账户	准备金									33260.8				33261
	财政预支款	1286.865									1286.865			1287
	其他	6635.883										6636		6636
	国际储备资产	20473.45											20473	20473
	国外资产													16601	16601
	总和	40700	130488	37075	3939	115994	97227	5761	33261	1287	6636	20473	16601	

附录五　基于2015FSAM的情景模拟

表5-1　模拟情景一：温和型通货膨胀

通胀率5%，单位：亿元

		要素		活动	商品	机构经常账户						机构资本账户		
		劳动力	资本			居民	非金融企业	政府	中央银行	其他金融机构	国外	居民	非金融企业	政府
要素	劳动力			85492										
	资本			37127										
	活动				561951									
	商品			418747		1195	1516	17654		238	29514			
机构经常账户	居民	115006	12966				14496	1496		12777	8721			
	非金融企业		16296	38514				122		2465	17929			
	政府		5293		21011	2823	1841	1058		2929	534			
	中央银行		11292				4170	18	15266	2183	5796			
	其他金融机构									64508	69846			
	国外										12904			
机构资本账户												4104	110799	28947

— 156 —

续表

	要素		活动	商品	机构经常账户						机构资本账户		
	劳动力	资本			居民	非金融企业	政府	中央银行	其他金融机构	国外	居民	非金融企业	政府
居民					140718								
非金融企业						12846							
政府							20753						
中央银行													
其他金融机构									13210				
国外											4123		
通货												115910	
存款													
国内信贷													
国外信贷													
准备金													
财政借款													
其他											16581		
国际储备资产													
国外资产													
总和	115006	45848	579880	582962	144736	34869	41101	15266	98309	145243	140718	110799	28947

续表

		机构资本账户			金融账户									总和
		中央银行	其他金融机构	国外	通货	存款	国内信贷	国外信贷	准备金	财政借款	其他	国际储备资产	国外资产	
要素	劳动力													115006
	资本													45848
	活动													579880
	商品													582962
机构经常账户	居民													144736
	非金融企业													34869
	政府													41101
	中央银行	12337												15266
	其他金融机构													98309
	国外			31340										145243
机构资本账户	居民				4123		97231							140718
	非金融企业							722			6651			110799
	政府							1543						28947
	中央银行							3490	33179					40792

续表

机构资本账户				金融账户									总和
	中央银行	其他金融机构	国外	通货	存款	国内信贷	国外信贷	准备金	财政借款	其他	国际储备资产	国外资产	
机构资本账户 其他金融机构					115910								130411
国外			5755										37094
通货													4123
存款													115910
国内信贷		97231											97231
国外信贷													5755
金融账户 准备金		33179											33179
财政借款	1290												1290
其他	6651												6651
国际储备资产	20514												20514
国外资产												16581	16581
总和	40792	130411	37094	4123	115910	97231	5755	33179	1290	6651	20514	16581	

表 5-2　模拟情景二：急剧型通货膨胀

通胀率 10%，单位：亿元

		要素		活动	商品	机构经常账户						机构资本账户		
		劳动力	资本			居民	非金融企业	政府	中央银行	其他金融机构	国外	居民	非金融企业	政府
要素	劳动力			85520							29533			
	资本			37127										
活动					561962									
商品				418739							17935			
机构经常账户	居民	115053	12976		1195		1516	17655				4098		
	非金融企业		16296				14507	1498			8724		110804	
	政府			38510				122						28959
	中央银行									238	534			
	其他金融机构		5291		21005	2819	1840	1057	15295	12782	5798	2924	2183	
	国外		11289			140792	4168	18		2465				
机构资本账户	居民										69837			
	非金融企业						12845							
	政府							20747		64516	12904			

— 160 —

续表

	要素				机构经常账户						机构资本账户		
	劳动力	资本	活动	商品	居民	非金融企业	政府	中央银行	其他金融机构	国外	居民	非金融企业	政府
机构资本账户 中央银行													
其他金融机构									13214				
国外													
金融账户 通货											4306		
存款											115827		
国内信贷													
国外信贷													
准备金											16561		
财政借款													
其他													
国际储备资产													
国外资产													
总和	115053	45851	579897	582967	144806	34876	41097	15295	98322	145265	140792	110804	28959

续表

		机构资本账户		机构经常账户									总和
		中央银行	其他金融机构	国外	通货	存款	国内信贷	国外信贷	准备金	财政借款	其他	国际储备资产	国外资产	
要素	劳动力													115053
	资本													45851
活动														579897
商品														582967
机构经常账户	居民													144806
	非金融企业													34876
	政府													41097
	中央银行	12371												15295
	其他金融机构			31366										98322
	国外				4306		97236	724						145265
机构资本账户	居民							1545						140792
	非金融企业										6667			110804
	政府							3480						28959
	中央银行								33099					40884

续表

	机构资本账户			金融账户									总和
	中央银行	其他金融机构	国外	通货	存款	国内信贷	国外信贷	准备金	财政借款	其他	国际储备资产	国外资产	
机构资本账户 其他金融机构					115827								130335
机构资本账户 国外							5749				20554	16561	37114
金融账户 通货													4306
金融账户 存款		115827											115827
金融账户 国内信贷		97236											97236
金融账户 国外信贷			5749										5749
金融账户 准备金		33099											33099
金融账户 财政借款	1293												1293
金融账户 其他	6667												6667
金融账户 国际储备资产	20554												20554
金融账户 国外资产												16561	16561
总和	40884	130335	37114	4306	115827	97236	5749	33099	1293	6667	20554	16561	

表5-3 模拟情景三：恶性通货膨胀

通胀率30%，单位：亿元

	要素		活动	商品	机构经常账户						机构资本账户		
	劳动力	资本			居民	非金融企业	政府	中央银行	其他金融机构	国外	居民	非金融企业	政府
要素	劳动力			85633										
	资本			37129										
活动					562008									
商品				418711		1191	1516	17662			29610	4078	110825	29006
机构经常账户	居民	115243	13014				14549	1503		239	8736			
	非金融企业		16296	38493		2806	1837	1056		12805	17958			
	政府						4163	18	122	2469	536			
	中央银行									2902	5805			
	其他金融机构		5281						15407	2183	69804			
	国外		11274							64547	12904			
机构资本账户	居民					141087								
	非金融企业						12841							
	政府							20722						

— 164 —

续表

	要素		活动	商品	机构经常账户						机构资本账户		
	劳动力	资本			居民	非金融企业	政府	中央银行	其他金融机构	国外	居民	非金融企业	政府
机构资本账户 中央银行													
其他金融机构													
国外													
金融账户 通货									13229		5026		
存款											115502		
国内信贷													
国外信贷													
准备金													
财政借款													
其他													
国际储备资产											16482		
国外资产													
总和	115243	45865	579966	582988	145084	34907	41083	15407	98375	145353	141087	110825	29006

续表

		机构资本账户			金融账户									总和
		中央银行	其他金融机构	国外	通货	存款	国内信贷	国外信贷	准备金	财政借款	其他	国际储备资产	国外资产	
要素	劳动力													115243
	资本													45865
活动	商品													579966
机构经常账户	居民													582988
	非金融企业													145084
	政府	12505												34907
	中央银行			31467										41083
	其他金融机构				5026									15407
	国外						97254	730						98375
机构资本账户	居民							1556						145353
	非金融企业							3441			6727			141087
	政府								32783					110825
	中央银行													29006
	其他金融机构													41249

续表

		机构资本账户					金融账户					总和
		中央银行	其他金融机构	国外	通货	存款	国内信贷	国外信贷	准备金	财政借款	其他	国际储备资产	国外资产	

		中央银行	其他金融机构	国外	通货	存款	国内信贷	国外信贷	准备金	财政借款	其他	国际储备资产	国外资产	总和
机构资本账户	其他金融机构					115502				1306				130037
	国外											20712	16482	37194
	通货													5026
	存款													115502
	国内信贷	97254												97254
	国外信贷			5726										5726
金融账户	准备金	32783												32783
	财政借款	1306												1306
	其他	6727												6727
	国际储备资产	20712												20712
	国外资产												16482	16482
总和		41249	130037	37194	5026	115502	97254	5726	32783	1306	6727	20712	16482	

附录六 符号表

符号	含义
TW	劳动报酬总支付/劳动报酬总收入
PW	支付的国内劳动力报酬
PWR	支付的国外劳动力报酬
W	国内劳动力报酬收入
WR	国外劳动力报酬收入
TRK	投资报酬总支出/投资报酬总回报
PRK	国内投资支付
PRKR	国外投资支付
RKM	居民投资收益
RKE	企业投资收益
RKG	政府投资收益
RKB	其他金融机构投资收益
RKR	国外资本要素报酬收入
D	国内商品总供给
EX	出口
CI	中间投入
FC	居民消费
GF	政府消费
M	进口
BIE	非金融企业形成的固定资产投资总额
BIG	政府形成的固定资产投资总额
BIM	居民部门形成的固定资产投资总额
BIR	金融企业形成的固定资产投资总额
VO	总投入/总产出
VX	国内总需求/国内总供给
DIV	非金融企业与居民间的转移支付、利润分成
TGM	政府与居民间的转移支付、国债利息
IDP	其他金融机构与居民间的转移支付等

续表

VRM	国外与居民间的转移支付
TGE	政府与非金融企业的转移支付
YM	居民收入/居民支出
YE	非金融企业收入/支出
YG	政府收入/支出
RBC	中央银行收入/支出
RB	其他金融机构收入/支出
RR	国外收入/支出
II	增值税
TM	关税，间接税
IDM	个人所得税
IDE	企业所得税
IBG	政府贷款、税收
TRG	政府间转移收入
IM	居民存款利息
IC	非金融企业存款利息
IG	政府存款利息
IBBC	央行拆借利息支出
IBB	同业拆借利息支出
IR	央行拆借利息收入
ME	通货
F	国外资产
DEP	银行存款（国内）
SM	居民储蓄
CD	国内信贷
EXT	国外信贷
CEE	国外对非金融企业的信贷
CEG	国外对政府的信贷
AVT	政府财政借款（财政借款）等
SG	政府储蓄
SE	企业储蓄
RES	中央银行储备

续表

符号	含义
SB	其他金融机构储蓄
SBC	中央银行储蓄
REF	中央银行债券
RC	兑换交易储备
BC	储蓄（经常账户余额）
VER	非金融企业支付的贷款利息
ICE	政府间转移支出
$VABC$	中央银行总资产/总负债
VAB	其他金融机构总资产/总负债
VAR	国外总资产/总负债
QX_j	部门 j 的总产出
QX_{ij}	部门 j 的中间投入
QL_j	部门 j 的劳动要素的投入需求
QK_j	部门 j 的资本要素的投入需求
PQ_i	中间投入品 i 的价格
WL_j	劳动投入的工资
WK_j	资本投入的租金
a_{ij}	中间投入系数
a_j^F	要素投入系数
$QX_i^{(D)}$	国内生产的产品 i 在国内的供给量/需求量
$QX_i^{(E)}$	国内生产的产品 i 出口到国外的量
QX_i	国内生产的产品 i 的供给量
$p_i^{(DS)}$	商品 i 的国内生产者价格
$p_i^{(E)}$	商品 i 出口的国内价格（以人民币计算）
a_i^t	效率参数
δ_i^t	国内销售品所占的比例
σ_i^t	不变转换弹性
ρ_i^t	不变转换弹性的转换形式
$QX_{i,de}^{(2)}$	投资者 de 对产品 i 的合成投资需求
$QX_{de}^{(2)}$	投资者 de 的总实际投资需求

续表

CPK_{de}	投资者 de 所需要的投资品总价格
$a_{i,de}^{(2)}$	投资者 de 对产品 i 需求的技术系数
h	住户
U_h	住户 h 从消费中得到的效用
E_h	住户 h 的消费支出
$QX_{ih}^{(3)}$	住户 h 对合成品 i 的消费需求
PQ_i	合成品 i 的价格
$QX_i^{(4)}$	政府对商品和服务 i 的总需求
μ_i	政府对商品和服务 i 的总需求占政府支出份额
gc	政府支出
$QX_i^{(M)}$	对产品 i 的进口需求量
QQ_i	对产品 i 的总需求
$P_i^{(M)}$	产品 i 的国内价格
PX_i	产品 i 的总供给价格
PV_i	增加值的价格
$P_i^{(D)}$	产品 i 的消费者价格
$PINDX$	价格指数
$GDPN$、$GDPR$	名义 GDP、实际 GDP
exr	汇率
tex_i、tmx_i、ts_i、t_i	出口退税率或补贴率、进口税率、销售税率、间接税率
$QX_i^{(5)}$	产品 i 的出口需求
$\overline{QW}_i^{(5)}$	按照美元计算的产品 i 的出口需求
pwe_i	商品 i 的加权世界平均价格
σ_i^5	出口弹性
σ_i^d	对商品 i 的总需求中国内商品所占的份额
a_i	CES 函数效率参数
σ_i^d	国内需求品 d 和进口品 i 之间的弹性
ρ_i^d	替代弹性的转换形式
ASS_{de}	机构 de 的资产
$FLBT_{de}$	机构 de 的金融负债

续表

符号	含义
$FASS_{de}$	机构 de 的金融资产
NW_{de}	机构 de 本期的净财富
NWP_{de}	机构 de 前期的净财富
K_{de}^{N}	机构 de 本期的实物资本存量
K_{de}^{pp}	机构 de 前期的实物资本存量
DEV_{de}	机构 de 的实物资本折旧
IN_{de}	机构 de 的名义投资
ΔSV_{de}	机构 de 的本期储蓄增加额
DEP_{de}	机构 de 存款（在资产方或者负债方）
SEC_{rest}^{l}、SEC_{rest}^{a}	世界其他发行的证券、拥有的证券
LON_{ep}	企业拥有的贷款
LON_{cob}^{l}、LON_{cob}^{a}	商业银行在负债方的贷款、在资产方的总贷款
der	折旧率
A_{cob}、A_{ep}	柯布—道格拉斯函数技术系数
δ_{de}^{dep}、δ_{de}^{otf}、δ_{de}^{sec}、δ_{de}^{lon}	机构 de 的金融资产组合中的 CES 分配参数
ϕ_{de}^{dep}、ϕ_{de}^{lon}、ϕ_{de}^{sec}、ϕ_{de}^{otf}	机构 de 拥有的各金融资产在各自的总资产中所占的比例
q_{de}	最大化各类机构 de 时得到的参数
ψ_{de}	各类机构 de 的各类金融资产之间的替代弹性
S_{de}	各类机构 de 的各类金融资产之间的替代弹性的转换形式
i_{dep}、i_{sec}、i_{otf}、i_{lon}	存款利率、债券收益率、其他金融工具的收益率、贷款利率
rw_{de}	各类机构 de 在各自拥有的金融资产上的加权收益的收益率
r_{dep}^{h}、r_{otf}^{h}、r_{sec}^{h}	住户拥有的金融资产相对于加权收益的收益率
r_{lon}^{ep}、r_{otf}^{ep}、r_{sec}^{ep}	企业拥有的金融资产相对于加权收益的收益率
r_{lon}^{ceb}、r_{sec}^{ceb}、r_{otf}^{ceb}	央行拥有的金融资产相对于加权收益的加权收益率
r_{lon}^{cob}、r_{otf}^{cob}、r_{sec}^{cob}	商业银行拥有的金融资产相对于加权收益的加权收益率
r_{dep}^{gv}、r_{otf}^{gv}	政府拥有的金融资产相对于加权收益的加权收益率
r_{lon}^{rest}、r_{otf}^{rest}、r_{sec}^{rest}	世界其他地区拥有的金融资产相对于加权收益的加权收益率
YL_{fl}	总的劳动要素收入
YL_{fk}	总的资本要素收入

续表

符号	含义
YHF_h	住户的要素收入
YF_h	住户 h 的收入
GT_h	政府对住户 h 的转移支付
EPT_h	企业对住户 h 的转移支付
$Y_{FASS_{de}}$	机构 de 从金融资产中得到的收入
$Y_{FLBT_{de}}$	机构 de 对金融负债的收入
EH_h	住户 h 的支出
TAX_h	住户 h 的所得税
SUB_{ep}	政府对企业的补贴及转移支付
$ETAX$	企业得到的出口退税
YEP	企业的收入
EEP	企业的支出
VAT、DT、IND	企业增值税、直接税、间接税
YGV	政府收入
EGV	政府支出
CG	政府消费支出
$MTAX$	出口关税
$TR_{gv,rest}$	世界其他政府的转移支付
$YREST$	世界其他的收入
$EREST$	世界其他的支出
$YCEB$	中央银行的收入
$ECEB$	中央银行的支出
$YCOB$	商业银行的收入
$ECOB$	商业银行缴纳的税收
$\overline{YLa_{fl}}$	来自国外的劳动要素收入
$\overline{AT}$	世界其他地区对住户 h 的转移支付
shh^h_{fk}	资本要素收入中住户 h 所占的份额
shh^h_{fl}	劳动要素收入中住户 h 所占的份额
she_{fk}	资本要素收入中企业所占的份额

续表

$shcob_{fk}$	资本要素收入中商业银行所占的份额
th	政府对住户的转移支付
th'	企业对住户的转移支付
τ_h	住户 h 的税收在住户收入中所占的比例
λ_h	住户 h 的消费倾向
ep	政府消费支出中对企业补贴及转移支付的比例
τ_1, τ_2, τ_3	企业资本所得税税率、增值税率、直接税率
τ_{cob}	商业银行税率
QL、QLP	当期劳动供给、前期劳动供给
$\overline{QX_i}^{(MS)}$	进口品 i 的总供给
$\overline{QK_i^s}$	j 行业的资本供给
n	劳动增长率

参考文献

［1］姜波克．国际金融学［M］．北京：高等教育出版社，2000．

［2］亚洲开发银行．金融危机早期预警系统及其在东亚地区的运用［M］．张建华等译．北京：中国金融出版社，2006．

［3］Custance J. The development of national, Regional and local indicators of sustainable development in the United Kindom［J］. Statistical Journal of the United Nations, 2002, 19 (1/2)：19-28.

［4］Eckerberg K, Mineur E. The use of local sustainability indicators：Case studies in two Swedish Municipalities［J］. Local Environment, 2002, 8 (6)：591-614.

［5］D Tax, R Duin. Combining one-class classifiers systems. Proceedings second international workshop MCS 2001 cambridge［C］. Verlag Berlin：Springer, 2001：299-308.

［6］D Tax, DUN B. Data domain description using support vectors Proc of the European symposium on artificial neural networks［C］. Belgium：Springer, 1999：251-256.

［7］Vapnik V N. 统计学习理论的本质［M］．张学工译．北京：清华大学出版社，2000．

［8］林建，彭敏晶．基于支持向量数据描述的预警技术及其应用［J］．

计算机工程, 2006, 10 (10): 42-45.

[9] 黄继鸿, 雷战波, 凌超. 经济预警方法研究综述 [J]. 系统工程, 2003, 2 (2): 21-26.

[10] 刘广利, 邓乃扬. 基于 SVM 的分类预警系统 [J]. 中国农业大学学报, 2002, 6 (5): 32-37.

[11] 邓乃扬, 田英杰. 数据挖掘中的新方法——支持向量机 [M]. 北京: 科学出版社, 2005.

[12] C. W. M. Naastepadt Effective supply failures and structural adjustment: A real-financial model with reference to India [M]. Cambridge Journal of Economics, Academic Research Library, 2002: 637.

[13] Felix Kubler. Computable general equilibrium with financial markets [J]. Economic Theory, 2001 (18): 73-96.

[14] Graham Pyall, Jeffery I. Round, accounting and fixed price multipliers in a social accounting matrix framework [J]. Economic Journal, 1979 (89): 850-873.

[15] 程海芳, 张子刚, 黄卫来. CGE 模型参数估计方法研究 [J]. 武汉大学学报 (工学版), 2003, 4 (8): 23-30.

[16] 樊明太, 郑玉歆, 马纲. 中国 CGE 模型: 基本结构及有关应用问题 (上) [J]. 数量经济技术经济研究, 1998, 12 (12): 39-48.

[17] 樊明太, 郑玉歆, 马纲. 中国 CGE 模型: 基本结构及有关应用问题 (下) [J]. 数量经济技术经济研究, 1999, 4 (4): 29-36.

[18] 郑玉歆, 樊明太. 中国 CGE 模型及政策分析 [M]. 北京: 社会科学文献出版社, 1999.

[19] 周建军, 王韬. 金融 CGE 模型研究与应用 [J]. 金融教学与研究, 2003, 1 (1): 40-44.

[20] 丹尼尔·豪斯曼. 经济学的哲学 [M]. 丁建峰译. 上海: 上海人民出版社, 2007.

后 记

宏观金融系统稳健性评估问题是宏观经济金融管理的一个新领域。随着金融深化日益得到各国政府、国际组织和研究学者的密切关注，也深深吸引着我去一窥其貌。落笔于此，回首过往，抚思昔日之韶华，实在包含了太多人的热情帮助和默默付出。谨以此表达衷心的谢意！

首先，衷心感谢我的博士后合作导师——河南大学杨凤娟教授。杨教授精湛的学术造诣、严谨勤奋的治学风格、儒雅豁达的学者风范，倾心教授，以悟后学，令我受益终身，始终为吾辈所仰慕。在写作过程中，时常会有"山穷水尽"的无奈，深感自身才疏学浅，困惑日增。在此过程中，杨教授的耐心指点总是让我豁然开朗。

其次，衷心感谢江西财经大学的领导和朋友们对本书的完成所给予的无私帮助！他们倾注的关心、悉心的指点，使我受益匪浅。他们从各自的研究领域出发，给我的文章提出了很多中肯的建议，并提供了大量的信息和资料。跨专业的交流和思维的碰撞使我的思路大大拓宽，文章增色不少。

最后，还要特别感谢我的亲人们！他们为我承担了所有的压力，让我可以心无旁骛地完成工作。他们的理解、支持和默默付出是我能够走到今天的最大动力！

要感谢的人很多，以至于无法在短短的致谢中一一列出。在此，一并向所有曾给予我无私帮助的人们致以深深的敬意和衷心的感谢！

王 静
2019 年 7 月 1 日